力を超えた！
合気術を学ぶ

AIKI JUTSU

合気柔術逆手道宗師
倉部 誠

BAB JAPAN

はじめに

従来から、合気術の習得はとても困難と言われてきました。

その主な理由として、道場に通っても弟子ができるように懇切丁寧に指導をしてくれる先生にはなかなかめぐり逢えない、本を読んでも肝心なことは書かれていないためにできるようになる手掛かりすら得られない、そういうことが挙げられました。

合気術の先生の中には他流派の人には絶対に技を見せない、さらには自分の弟子ですら数年以上道場に通っている人でないと教えないとか、そのような考え方の指導者が多かったのです。そういう指導者が教えている道場では、先生以外に合気術ができるお弟子さんを見つけるのは困難ですので、すぐに見分けが付きます。

一方では、合気術を積極的かつ精力的に指導される先生が年々増えてきて、私の知る限りでも何人もいらっしゃいます。そのような先生の道場へ伺うと、お弟子さんたちはレベルの差こそありますが全員が合気術をこなしているのがすぐにわかります。

合気術というのは、他の武術のように体を単に物理的に動かすのでは実現できず、通常とは異なる筋肉の使い方、体の動かし方、さらには特別な意識の用い方をしないとできません。他の武術のように、指導者の動きを丹念に観察してそれをまねる努力をいくら重ねても、できるものではないのです。

それを「技は先生の動きを見て覚えるものだ」、あるいは「気を入れるのだ」などとわけのわからないことを言われても、指導されるほうはできるわけがありません。

私が当初から持ち続けている信念に、「合気を教えるには、まず原理を明らかにしなければいけない」ということがあります。腕や手あるいは体の動かし方というのは、その原理を実現するための一つの方法でしかなく、出来不出来は人によって変わります。原理で教えるからこそ、一つの方法が駄目ならできるようになるまで他の方法をいくつも試せ、それで自分に適した方法を見つけて原理が実現できるのです。

私は〝世界一わかりやすい合気術の解説書〟を目指して、この本を書き上げました。読者の方々からのご審判をいただくのを楽しみにしています。

合気柔術逆手道宗師　倉部誠（至誠堂）

はじめに……2
第一講　接触系原理1「能動的平衡化による一体化」……7
第二講　接触系原理2「受動的平衡化による一体化」……19
第三講　「重心を捉えた突き」と「浸透する突き」……33
第四講　合気術による「合気上げ」①……47
第五講　合気術による「合気上げ」②……59
第六講　最高峰の原理「合気モード」①……73

第七講 最高峰の原理「合気モード」② …… 85
第八講 最高峰の原理「合気モード」③ …… 99
第九講 皮膚を介して掛ける「皮膚合気」 …… 111
第十講 体全体を固めて極める逆手技 …… 123
第十一講 筋電流によって実現する合気術の原理 …… 137
第十二講 突きに対する合気打拳法 …… 149
おわりに …… 164

本書で紹介する技や動きは、「WEB 秘伝」から動画で見られます。ぜひ下記の URL または QR コードからアクセスしてください！
（YouTube「BUDO JAPAN CHANNEL」）

http://webhiden.jp/kurabe/

第一講

接触系原理1

「能動的平衡化による一体化」

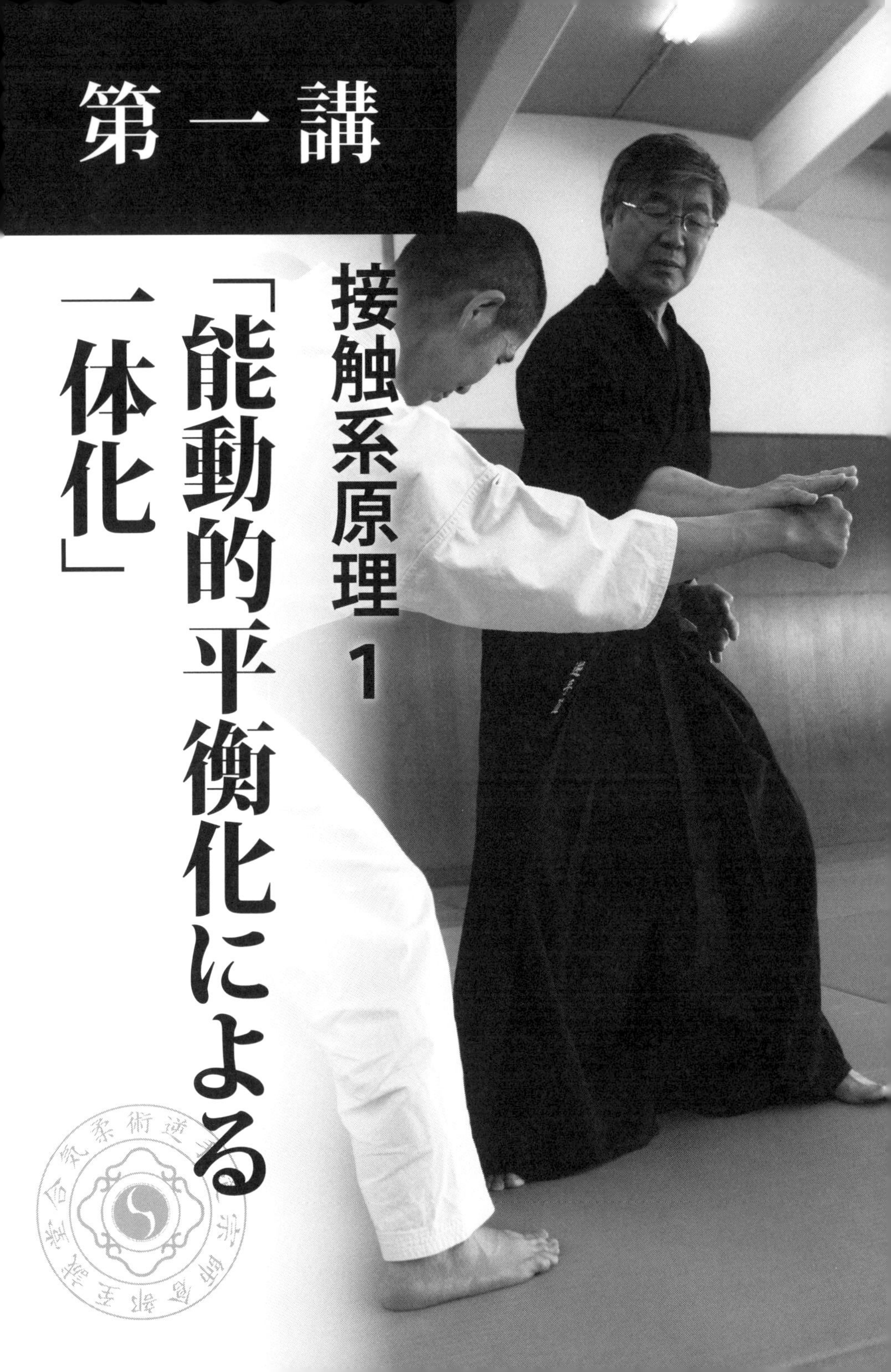

合気術の原理「一体化」

私は2017年に二冊目の合気術参考書『合気速習』（BABジャパン）を出版させていただきました。これは合気術をその原理から説明することで読んでいただく方々が合気術を理解しやすく、また習得しやすくなることを目指して執筆したものです。

それ以降に新たに習得した原理、従来の原理をもっと習得しやすくした指導方法もいくつかあり、それらをご紹介させていただきたくて本書を執筆することになりました。

本書では、解説を読んで自ら実践していただければすぐに習得できることを目指して、合気の原理と技を解説していきます。第一講は「力の平衡による一体化」についてご説明致します。

私は従来、合気を実現する原理としては「一体化」という名称は使わず「合気接触」、そして「平衡微調整法」という名称での原理を提唱してきました。

これらはいずれも接触を介して相手との一体化を目指すもので、相手との一体化に成功すると相手は接しているこちらの手や腕を自分の体の一部と錯覚する状態に陥ります。その状態でこちらの手や腕を動かすと、相手は自分の体の一部が勝手に動き出したと錯覚して抵抗せずに崩され倒されてしまうというもので、これが従来から解説してきた「一体化」の仕組みです。

最近の合気探求の結果、この「一体化」を実現する方法がいくつも見つかり始めたので、今まで原理として提唱してきた前記の二つは原理を実現するための方法、あるいは準原理として分類替えし、新たに「接触系原理１　一体化」という項目で括ることに変えました。それが別表に書き表した最新の原理表となります。

本講ではこの新しい原理である「接触系原理１　一体化」を実現するための硬接触による力の平衡についてご説明します。なお、この方法には能動的平衡化と受動的平衡化の二つがあり、本講は能動的平衡化について説明致します。

合気術を実現するための原理

◎動作系
1. 無意識動作法
2. 目標設定法
3. 波動法
4. 筋硬直法

◎接触系
1. 一体化
（1）合気接触法
（2）力の平衡法
○軟接触による力の平衡
○硬接触による力の平衡
イ．能動的平衡化（自分で力を加えて平衡を作る）
ロ．受動的平衡化（相手からの力に対して自動的に生じる反力を使って平衡を作る）
（3）皮膚の擦り合わせ
2. 合気モード法
3. 筋硬直法
（体内電流の伝搬による。まだ仮説の段階）

「筋硬直法」は剛柔流空手の松村哲明先生から、「皮膚の擦り合わせ」は氣空術の畑村洋数《ひろかず》先生から教えていただき、目下修行中です。また、「合気モード法」は両先生から貴重なご示唆をいただき、できるようになってきました。

能動的平衡化による一体化

この方法では、例えば突いてきた相手の手や腕に、突きの方向に対して垂直となる力を加えるようにこちらの手もしくは腕で相手の手や腕を押し、それに反発する相手の力とこちらの押す力とが平衡状態となるようにします。こちらが押す力は出せる力の50パーセントくらいに留めておくことが重要です。

こうしていったん力の平衡状態ができると、人間にはいったんできた平衡状態を保とうとする習性があるので、こちらがさらに力を加えて手や腕を動かすと相手は圧着状態にある手や腕を切り離せずにこちらの動きについてきます。それを利用して相手を崩し、投げるというのがこの原理の働き方です。

この〝既存の平衡状態〟を保とうとする人間の習性はすでに多くの方々によって説明されており、

私は数年前に俳優で武術家の榎木《えのき》孝明先生が、押される力に負けまいと踏ん張る人の両肩を正面から両手で押さえて後方へ弾き飛ばすのをテレビの番組で観たことがあります。その時に榎木先生は種明かしをしませんでしたが、私は榎木先生が何をやったかすぐにわかりました。

この原理を理解すれば、合気の先生がＹｏｕＴｕｂｅなどで披露している不思議な技、相手の突きを受けたこちらの手に相手の腕や手がくっついて離れない状態となって、そのくっついて離れない手で引き回された相手が倒されてしまうという技が誰でも容易に実現できるようになります。

力の平衡による一体化を用いた「圧着」で突きに対応する

この原理を応用する技に入る前に、力の平衡を作る練習をしてみましょう（次頁写真）。

私はこのようにして手と腕とがくっついて離れなくすることを「圧着」と称することにしています。誰もが問題なくこの予備段階をクリアできるものと思います。

次に実際の技で試してみましょう。

力の平衡を作る練習

お互いに座位となり、受けが腕を突き出し（①）、捕りがその腕に上から手を押し当てると（②）、受けはそれに反発して下から上に持ち上げる力を出して力の平衡が作られる。平衡状態ができたら、上から手を押し当てて作った平衡状態を保ちながら下方あるいは後方、もしくはその両方へその手を動かしていくと（③）、受けは腕を離すことができずにそのまま床へ崩されて落ちていく（④）。捕りの手は受けの手首の上に載せただけで決して握っていないにもかかわらず、受けは捕りの手によって引き倒されてしまう。

中段順突き圧着倒し

受けが左中段順突きで攻撃する（①）。捕りは左足を引いて右半身となり、右手で受けの左拳もしくは手首を半分くらいの力で上から押す（②）。受けは押さえてきた捕りの力に反発して腕を上に持ち上げようとし、力の平衡状態が作られる。捕りが押さえた右腕にさらに力を加えて受けを真下へ沈める（③）。受けはできている力の平衡状態を本能的に崩すまいとして腕が下へ沈み、体を床へと投げ落とされる（④）。

中段順突き圧着倒し(旋回)

受けの左中段順突きの左拳もしくは手首を捕りは押さえて圧着させる（①②）。最初から精いっぱいの力で相手の手や腕を押し付けると、相手が反発して持ち上げようとする力との競合関係となって平衡状態ができないので注意。受けは平衡状態を本能的に崩すまいとするため、腕を離すことができなくなる。このまま捕りは受けを捕りの周囲で旋回させることもできる（③〜⑦）。

中段順突き圧着倒し

▼解説

13頁および14頁の写真②で、最初から精いっぱいの力で相手の手や腕を押し付けると、相手が反発して持ち上げようとする力との競合関係となって平衡状態はできずに、力の勝ってる方向へゆっくりと動くことになり、投げとはなりません。

AIKI NEXT STAGE

体験者の声

松村哲明

剛柔流空手 修剛館
冠光寺眞法 保江邦夫門下

倉部先生からインターネット経由で「能動的平衡化による一体化」の動画と説明資料をいただき、さっそく自分の道場で門下生を相手に試してみたところ、1回目から相手が崩れました。

普通であれば新しい技を目の前で指導してもらってもなかなか再現することはできないのですが、今回のように技の原理を的確に説明し、それに従って指導してもらえれば効率的に身に付けられるという良い体験ができました。今後も、この原理を基に様々な技を研究していきたいと思います。

捕りは受けを下へ落とさずに捕りの周囲で旋回させることもできます。

上段順突き圧着投げ

▼解説

腕の内側からでも外側からでもできます。また投げずに床に押し付けて不動とすることもできます。この圧着法はとても単純なものなので、説明を受ければ大概の人はすぐにできるようになるはずです。

「受動的平衡化による一体化」については、第二講でご説明致します。

上段突き圧着投げ（内側）

受けは右上段順突きで攻撃する（①）。捕りは左足を引いて右半身となり、右手で受けの右手首を内側から外側へ半分くらいの力で押す（②）。受けは押さえてきた捕りの力に反発して腕を内側へ戻そうとし、力の平衡状態が作られる。捕りは押さえた右腕にさらに力を加えながら体を反時計回りに転回すると、受けはできている力の平衡状態を本能的に崩すまいとして体が振り回される（③）。捕りは受けをそのまま回転方向に投げ飛ばす（④）。

上段突き圧着投げ(外側)

「上段突き圧着投げ」は、腕の外側からも同様に行うことができる。

第二講

接触系原理2

「受動的平衡化による一体化」

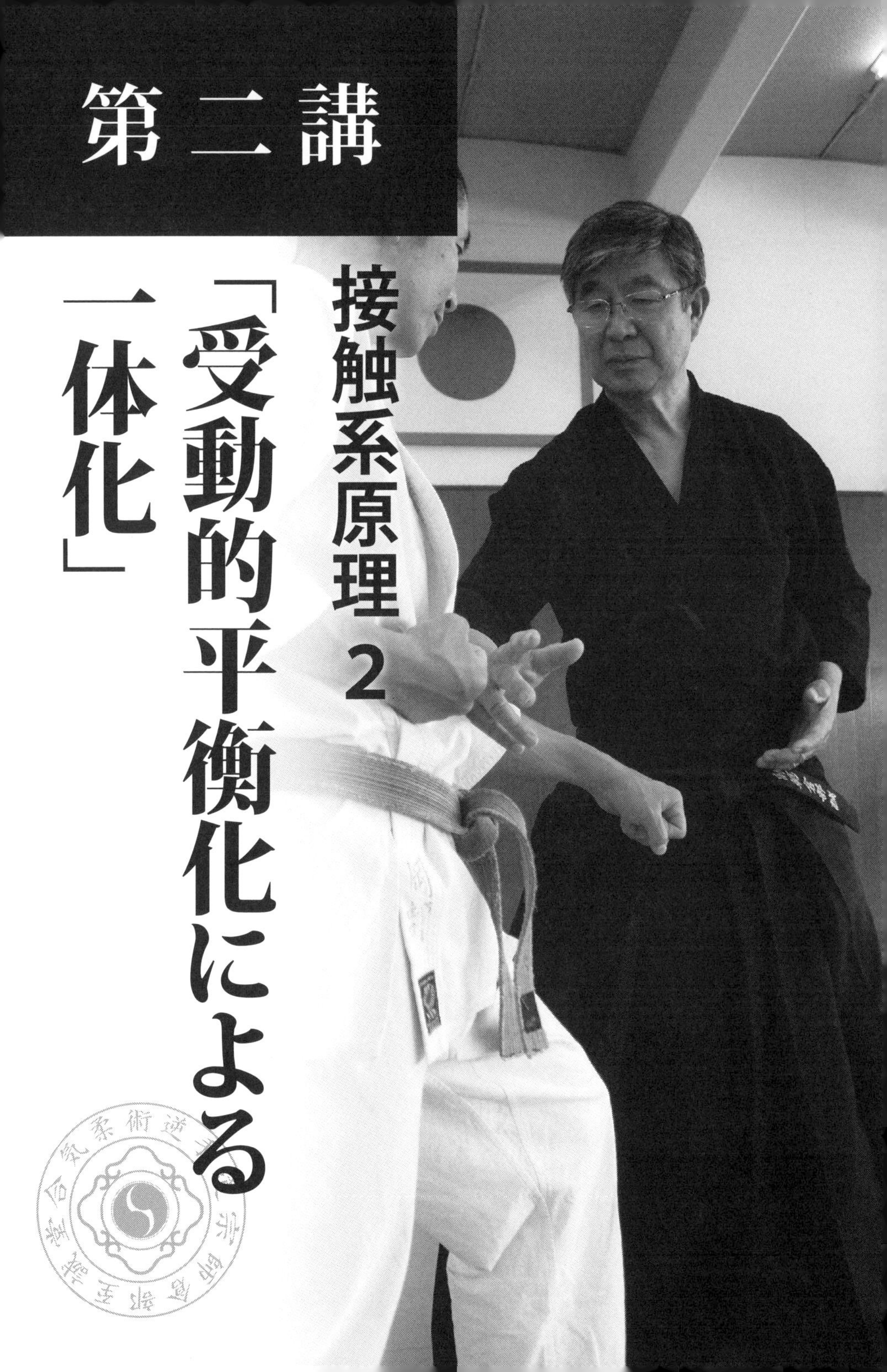

受動的平衡化による一体化

　私は２０１５年に、それまで27年間暮らしたオランダを離れて日本へ戻ってまいりました。再び日本で暮らすようになって良かったことは、同じ志で合気を探求する先生方との交流ができるようになったことです。最初は氣空術の畑村洋数先生、次に剛柔流空手修剛館の松村哲明先生、そしてお二方の師匠にあたる冠光寺《かんこうじ》眞法《しんぽう》の保江邦夫《やすえくにお》先生の稽古会にも参加させていただき、それぞれの先生方から貴重なご指導とご示唆をいただきまして、私の合気探求も一気に前進させることができました。この紙面を借りて心からお礼を申し上げます。

　また２０１８年には『月刊秘伝』のご厚意で、日本で屈指のご高名な武道家である振武舘の黒田鉄山先生と対談させていただきました。黒田先生にお目に掛かってお話を伺い一番強く感じ入ったことは、武術家としての身体操作を常日頃から心がけていらっしゃるということでした。武術で重要となる身体操作、つまり筋肉の使い方は日常生活での使い方とは異なり、私なども合気術の一部の原理ではそれを行いますが、日常生活にまで心がけることは到底できません。そこまで徹底的に武術を探求する黒田先生の真剣な姿勢と想いに感動致しました。

　そして実際に黒田先生の居合を見せていただき、さらに驚きました。刀を抜いて相手を斬る動作が一瞬で完結してしまい、速すぎて本当に見えないのです。それまで、他の居合の先生方が抜き打ちをする所作はいくつかビデオで拝見したことがありますが、「もし斬り掛かる相手が私のような剣の素人ではなく本物の剣術家であったら、抜く途中で斬られてしまうのでは？」と思わざるを得ないものでした。

黒田鉄山師範とのツーショット

ところが黒田先生の動きは、それらとは異次元の速さでした。そして、その理由が独特の身体操作であることがわかりました。私がこれまで見た抜き打ちは、ただ単に刀を抜く速さを日頃の練習で速めただけ。一方、黒田先生は全く違う身体動作ゆえの速さだったのです。

自分が上達するには、常に自分よりもはるかに上の方々とできる限り接して真摯な気持ちで学ばなければいけないということを、帰国してから知己を得た素晴らしい先生方との邂逅から学べました。心から感謝申し上げます。

さて第一講では「接触系原理1　一体化」、硬接触による力の平衡、能動的平衡化に触れましたので、本講は引き続き同じ原理の受動的平衡化について解説致します。

私は近年、突きなどの攻撃を合気術で捌く方法をいろいろと研究模索してきております。ただ私のレベルでは、空手の専門家が本気で突いたり蹴ったりしてくるのを容易に捌けるところまではまだ到達できていないことは申し上げておきます。

ともあれ最近会得したもの以外の従来理解した技の中で、相手の中段順突き攻撃を捌く方法として波動法、目標設定法、合気接触法と平衡微調整法の併用による3種の防御法、そして技を工夫する過程で偶然に会得した技があります。

それは相手の突きが伸び切る直前で、相手の肘関節部をこちらの腕で押さえて瞬時に崩して投げるというものです。私はこの技は当初、平衡微調整法による技、つまりはじめに相手の突いてきた腕とこちらの腕とで合気接触状態を作り、弱い力同士で押し合う平衡状態を作り、その平衡をわずかに崩して相手を倒すというものだと考えていました。ところが一点だけ、この原理にそぐわない箇所がありました。突いてくる相手の腕をこちらの腕で押さえる際に、通常の合気接触法よりははるかに大きな力で、と申しても通常のブロックの三分の一くらいの程度ですが、相手の腕を押さえるのです。合気接触を作るには触れたか触れないか程度のごく軽い接触でなければならないのですが、このような硬い接触では合気接触は絶対に作れません。

そこで次に思いついたのが、高度な波動法、つまり波長を極端に短くし傍目からは波の動きが感知されずに接触した瞬間に働くバネ（専門用語でいえばバネ常数の高いバネ）の力で相手が投げられる、そういう技ではないかということでした。このほうが矛盾点のなくすっきりとした説明ができます。ですから、この技を弟子たちに指導する際には極端に振幅が小さいバネを想定するので「相手の突きを止めるタイミングの取り方が一番重要」と教えてきました。

ところが最近になって圧着という方法で体の一体化を図る原理を思いつき、この技には圧着法と似ている部分があることに気が付きました。そこで弟子たちを相手に色々と試した結果、圧着とは異なるが力の平衡を利用する点では同じ原理であることに気が付きました。その研究結果に基づいて、相手の中段順突きを正面から受ける、新しい原理「接触系原理１　一体化」、硬接触による力の平衡を応用する技で解説致します。

前講では、同じ原理の能動的平衡化について解説しました。本講は受動的平衡化を応用した技の解説となります。前講では、突いてきた相手の腕に対してこちらの手を当てて力を加えて平衡を作りました。今回は相手の突きを受けたこちらの腕を身体に固着することで、相手の腕はこちらの全体重に匹敵する大きな重量物を押すことになり、自動的に発生する反力との間で力の平衡が作られます。こちらが特に意識して力を加えなくとも、全体重から発生する反力で自動的に力の平衡が作られますので、これを受動的平衡化と称します。

「固着化」で中段順突きを捌く

中段順突き固着倒し

この技で一番重要となる腕と体の固着を習得するために、まず静止状態で腕を身体に固着する方法を練習します。

中段順突き固着倒し

受けが左中段順突きで捕りを攻撃する。捕りは左足を引いて右前屈となり、受けの攻撃してきた左腕肘関節内側あるいはややその上を右手前腕で押さえる（①）。この際、押さえる右手、右腕には三分の一くらいの力を入れれば十分で、力いっぱいに押さえてはいけない。また、押さえる右腕は体本体と意識で固着する。右腕で受けを押さえた瞬間に右手を手首中心に軽く回転させるか、上半身をわずかに右側へずらすと、受けはその左側へ倒れる（②〜④）。

静止状態で腕を身体に固着する練習

腕が体に溶接されたような状態（これを固着化と称します）とします。ロボットを想像してください。上半身は半身にならずにきちんと受けと正対させ、心持ち腰を前に出すように（腰を入れた状態で）まっすぐに立ちます。決して腕に体重を乗せようとして前に倒してはいけません。なお慣れてくれば上半身を半身としても、さらに上半身を前に倒し気味にしても問題ありませんが、慣れないうちは正面向き正立で練習してください。そのほうが習得は簡単です。

この固着化ができると、腕に力を加えずにこの姿勢を保つだけでいくら受けが力いっぱいに前に押し込んできても捕りはびくともしない状態となります。受けに押されて崩れるようでは固着化ができていない証拠です。

静止状態で腕を身体に固着する練習

受けは左中段順突きで攻撃し、突きを出し切ったところで体をそのままに静止する。 捕りは左足を引き、上半身を受けに正対させた状態でその右前腕部を受けの左腕、肘関節部に静かに添える（①②)。受けは右腕をその状態で肘関節と肩関節とを固着させて一切動かないように。決して腕に体重を乗せようとしてはいけない。相手が押し込んでくると自動的に力の平衡状態が作られて一体化ができる（③)。そうしたら右手首を中心に右手を軽く回すか、上半身をわずか右へずらせば、受けは簡単に左側へ倒れる（④)。

相手の腕を押さえた時に無駄な力を加えた途端、たちまち相手に押し込まれてしまうので注意が必要。

右腕を体に固着できると、さらに押してきた相手の力に反応してこちらの体から生じる反力と相手の加えてくる力で力の平衡状態が生まれ、相手と自分の体が一体化します。

▼解説1　なぜ腕と体を固着化すると相手の力が通じなくなるのか

例えばはじめに説明したように、中段順突きで攻撃してきた相手の腕をこちらが腕に力を入れてブロックすると単なるお互いの腕を通しての力比べとなり、腕に掛かる力の強さで優劣が決まります。こちらがいくら腕に体重を載せようとして頑張って上半身を屈しても、こちらの腕に掛けられる力は私の体の質量が80キログラムとしてもせいぜい30キログラム重が良いところ、これでは相手が力持ちならば押し込まれてしまいます。

ところが腕を身体と一体化すると相手の押してくる腕に反力として自動的に掛かる力は最大80キログラム重となり、この体勢の腕にはそのような大きな力は、いくら力持ちといえどもそう簡単に掛けられるものではありません。これがその答えとなります。

いくら力を入れてもこちらを動かせないと知った相手が力を緩めても、少しでも力が加わっている状態では、つまり腕と腕とが接触している状態では、自動的に発生する反力で力の平衡が保たれていて相手と自分の体とが一体化していますので、簡単に相手を倒せるというわけです。

もう一度言いますが、右腕には力を入れずにただただ体と固着することだけを念じます。その状態では、相手が左腕に力を込めて押し込んでくると、相手の腕にはこちらの体重が発生する反力が働きます。その際には固着を保持するために、こちらの右腕上腕部にほどほどの力が自然と発生するのがわかるはずです。この場合、相手の力に打ち勝とうとして右腕下腕部に力を入れた途端、固着が外れて押し込まれてしまうことになります。

▼解説2　なぜ相手は簡単に倒されてしまうのか

右腕を身体に固着できれば、いくら受けが強く押しても捕りは微動すらしない状態が作られて、これは力の平衡状態が作られたことになります。

つまり、前講の圧着法の場合では自分の手と腕に力を加えて相手の力との平衡状態を作って圧着状態としましたが、本講のケースでは腕と体を固着化して、相手の腕から加えられる力とこちらの体重から生じる反力との間で力の平衡状態が自動的に作られたのです。

そうすることによって相手と自分の体が一体化され、こちらのわずかな動きに相手が敏感に反応して動きますので、相手を簡単に倒せます。

▼解説3　力の平衡状態の応用

この力と力の平衡状態を作って相手と一体化する方法は様々な応用が利きます。例えば腕相撲の場合にも使えますし、次頁写真で示しているような力比べでも同様です。ここでは、この力の平衡状態の原理を使って相手を負かしています。

力の平衡状態の応用

力の平衡状態を作って相手と一体化する方法は、様々な応用が利く。写真のような力比べの場合でも（①）、捕りが自分の右腕を身体に固着すれば、受けが力いっぱいに押してきても捕りはびくともしない（②）。さらにいったん力の平衡状態が作れれば、捕りは受けを投げ倒したり（③）、別の方向へ動かしてしまう（④）ということが、ごく簡単にできるようになる。

〝柔らかい接触〟と〝硬い接触〟

先にも述べましたが、私は当初この技を合気接触法と（従来の柔らかい）平衡微調整法の原理に基づくものと理解していました。その後、納得がいかずに波動法を突き詰めたものと解釈し始めましたが、最終的には元々の平衡微調整法に基づく技であると結論しました。ただし、平衡微調整法には、従来私が理解していた柔らかい接触に基づくものとは別に、今回のように硬い接触による二つの分類があることがわかったのです。

面白いのは今回のように硬い接触であっても、お互いに拮抗する力が弱まれば〝柔らかい接触〟となることです。つまり、柔らかい接触とは〝硬い接触〟の中にある特別な場合と定義することも可能になります。実際にこの技を行うにあたり、相手の突いてきた腕を押さえる力を徐々に弱くしていくと、従来定義していた柔らかい接触による平衡微調整法が実現できます。

ともあれ、現時点ではこの二つを便宜上分けておくことにします。なお参考のために、受けからの突きをこれら三つの方法で崩している動画を、読者の皆様がご覧になっていただけるようにしておきました。

AIKI NEXT STAGE

体験者の声

岡部武央

総合武道研究会 玄武館会長
九十九式太極拳の会 代表師範
合気柔術逆手道師範五段位

私にとって逆手道とは、極めのしっかりした護身術としても有効な柔術、また大変わかりやすく体系化された合気術であり、倉部至誠堂宗師の御指導を受けながら、それらを純粋に学ぶことはとても楽しみな時間になっています。私が普段稽古している太極拳などの武術とも共通する部分が多く、站椿功や套路（型）、深井式丹田メソッドなどで鍛錬している"体幹部主導の動き"を、相手をつけた状態(対練）で確認していく大変有意義な練習にもなっています。特に相手との接触のしかた、意識の用い方は非常に参考になりますね。

第三講

「重心を捉えた突き」と「浸透する突き」

「重心を捉えた突き」の基本

第三講は「重心を捉えた突きと浸透する突き」です。数年前に有名な合気の先生がこの突きを行うのをＹｏｕＴｕｂｅで見て以来、この技をどうしても習得したくてあれこれと試行錯誤してきました。

その結果、それに近いものはできましたが、どうしても自分の弟子に効果的に教えることができませんでした。また私自身もできたりできなかったりで、要するに私自身がきちんとマスターしたと言えるレベルではなかったのです。私は自分ができるようになったことを、他人もできるように教えることができて初めて目標到達と考えていますので、その時はずっと不本意なままでした。

ところが昨年冬に逆手道のワルシャワ支部で弟子たちを教えている際にふと閃いたことがありました。すぐに弟子を相手に試したところ、予想以上にうまくいきました。さらにその場で弟子たちに説明すると、彼らもその場で皆できるようになってとても喜ばれました。日本に戻ってから、柏市の体育館を借りて毎週定期的に行っている柏本部の練習でも披露したところ、この重心を捉えた突きを全員が即できました。

ずっと長い間なかなか完全にマスターできずにいましたが、この方法でやれば本当に誰にでも即習得できるのです。自分でも驚くくらいです。では早速、その習得方法をご説明します。

基本練習

まず最初に重心を捉えた突きというのは、第一講で紹介した合気術を実現するための原理表の「動作系原理2　目標設定法」を用います。つまり相手を突く際にこの力が相手の重心に向かって進んでいくイメージを持って突くのです。

今回の方法に気付く前は、武術書などでしばしば説明されている「突きが相手の体を突き抜ける」というイメージに惑わされて、打つ相手の背後にもう一人あるいは数人がピッタリと背中に張り付いていて、その2番目以降の人（たち）を打つイメージを持って突く練習を続けていました。しかしこの方法ですと、どうしても相手を押し込むような突きとなりがちで、押す力で相手が後方へ倒れるのか、突き抜ける突きで倒れるのかわからなくなり、〝できた〟という実感がなかなか得られませんでした。

次頁写真①は、その突き抜けるイメージを持つために、多人数が並んだ状態で突いている様子です。同写真②は、軽い突きを繰り出して三人を一度に倒した例です。しかしいつも必ずこのようにうまくいくとは限りませんでした。要するに〝突き抜ける突き〟という言葉に惑わされて見当違いな練習を重ねていたわけです。

　では今回考えた練習方法をご説明します。今回のアイデアは〝突き抜ける〟という言葉をいったん取り払って、相手の〝重心を捉えた〟突きを出すことを念頭に入れて考えたものです。

“突き抜ける”突きでは不十分？

①は突き抜けるイメージを持つために多人数が並んだ状態で突いている様子で、②は軽い突きを繰り出して三人を一度に倒した例。しかし、いつも必ずこのようにうまくいくとは限らなかった。多くの技術書などに見られる“突き抜ける突き”という言葉に惑わされた練習は、見当違いである。

次頁写真①で示すように相手に自身の胸の前で両手を組んでもらい、こちらの押す力に〝そここ〟の力で抵抗してもらいます。その組んだ手の平にこちらの拳を当てて、押す方向を上下で微妙に変えながら軽く押し込んでみます。そうすると、ある方向で押し込んだ際に相手の重心を捉えた感じがします。そのまま押し込んでいけば相手は抵抗できずに後方へ倒れてしまう、そんな感じです。このとき相手も同じような感触を体全体で感じます。この状態を目標に向けて「ロックした」状態と呼ぶことにします。例えばミサイルを発射する場合に対象に向けてレーザ照射して目標を固定する、そんなイメージです（同写真②）。

この〝ロックした〟感触を覚えておき、それと同じ感触で相手の重ねた手の平を軽くポンと叩くと、本当に軽く叩いただけなのに、相手は重い力を重心に受けたようにして後方へ弾き飛ばされてしまいます。要するに相手の丹田めがけて打ったことになります（同写真③）。

以前練習していたときのように、突き抜けるイメージを出すために拳を押し込む必要など全くありません。この際に相手の背後に二人、三人と体を重ねますと、列の最後の人だけが後方へ弾き飛ばされることになるので、これが一般的に説明される〝突き抜ける〟突きとなります。

またここで重要なことは、相手を打つ際のこちらの腕の動かし方です。縦拳の角度を微調整で変えても、腕を突き出す方向は床と水平にまっすぐにして打ちます。決して打ち出す角度を変えたりはしません。

なお相手の手を交差してもらわずに、こちらの拳を直接相手の胸に当てて同じ方法を試すことも

「重心を捉えた突き」の基本

著者考案の練習法。胸の前で両手を組んだ相手に、こちらの押す力に "そこそこ" 抵抗してもらい、拳の角度を上下に微妙に変えながらロックできる位置を探る（①）。ロックされた状態で相手は重心が①よりも後退しており、もう少し押せば簡単に倒れる（②）。

"ロックした" 感触を覚えておき、それと同じ感触で相手の重ねた手の平を軽くポンと叩いただけで相手は後方へ弾かれる（③）。この時、決して拳を押し込んではいけない。

できますが、この交差した両手を介して相手を押すほうがその重心を捉える方向感覚をはるかに容易に感じることができます。おそらく相手の両腕で作るパンタグラフで感覚を増幅しているのだろうと推察します。

実際に相手を突いて試す

実際の突きで試してみよう

実際の突きで試す場合、相手は打たれると痛いのでクッションや電話帳などを介して相手を突きましょう。その際に注意すべきは決してむやみやたらと強く突かずに、最初のうちはごく軽くポンと当てるだけ、慣れてきてそれが十分効くようになってからでも突きの力はせいぜい三分の一くらいに留めて行ってください。力いっぱい突かない理由は以下の二つです。

（1）初めのうちは力いっぱい突くと重心を捉えた浸透する突きでなく、ただの突きになりやすい。
（2）重心を捉えた突き抜ける突きができた場合、強く叩くと相手に過大なダメージを与えてしまう危険がある。

実際の突きで試す

実際の突きで試す場合、相手は打たれると痛いので、最初はクッションや電話帳などを介して突く。基本練習と同様に、まずは拳を軽く押し当ててロック方法を探る。慣れてくればこの予備動作は不要となり、いきなり当てても重心を捉えた突きとなる。拳にも力を入れずに軽く握ったまま、本当に軽くポンと当てるだけで相手は後方へ弾かれる。

次にクッションを介さずに相手の腹をこの突きで打ってみます。この場合もポンと軽く打つだけです。この際、言うまでもありませんが、打たれるほうは腹筋を締めておく必要があります。

直接相手の腹を打つ

次にクッションを介さず、相手の腹を直接打ってみる。基本と同様に初めは腹に拳を当てて、軽く押し込みながらロックする感覚を探り、相手の重心を拳で捉える感覚を保存する。もちろん慣れてくればこの予備操作なしでいきなり突いてもよい。ロックした感覚（イメージ）で相手の腹を軽くポンと突くと、相手が重い力を腹に感じて後方へ弾かれる。

〝重心を捉えた突き〟はなぜ正拳ではなく縦拳となるのか

ＹｏｕＴｕｂｅであれ合気術の参考書であれ、この重心を捉えた突きを解説する場合にどの先生も必ず縦拳を使い、決して正拳突きとはなっていないことに皆さんも気が付かれているに違いありません。

前述の基本練習で行った〝ロックする〟ための操作は、拳の角度を上下に微調整して相手を打った際に伝わる力のベクトルを微妙に変えていたのです。この突く感覚を上下で微妙に変える操作は縦拳だからこそできたのです。逆に突く力の感覚を水平方向で変える必要がある場合には、縦拳ではなく正拳でなければできません。

ただし前にも申しましたが、突くために腕を繰り出す方向はあくまでも床と水平です。角度をつけて突くようなことは致しません。これが単なる物理的な方法で力の向きを変えるのではなく、意識して力の向かう方向、つまり目標を設定する合気術である所以です。

いかがでしょうか。この「重心を捉えた突き」を実現できたでしょうか。基本練習でロックする方法をきちんと練習すれば、間違いなくどなたでもすぐにこの突きが実現できるはずです。

縦拳による力のベクトル操作

縦拳は拳の角度を上下に微調整して、相手を打った際に伝わる力のベクトルを微妙に変えることができる。①は角度を上に向けた状態、②はまっすぐの状態、③は角度を下向きにした状態。

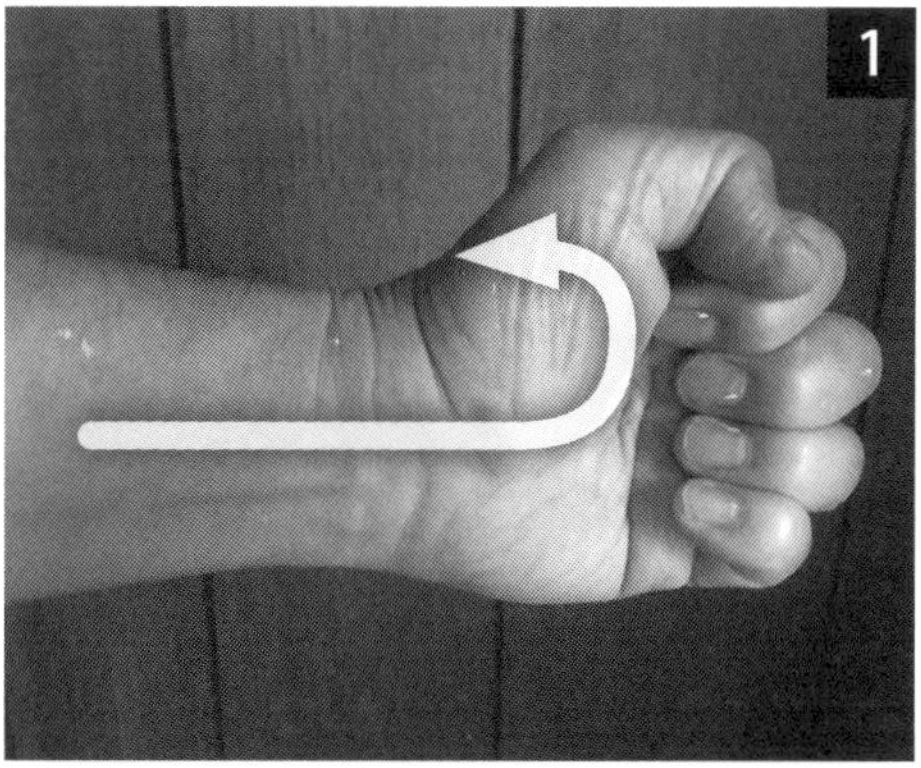

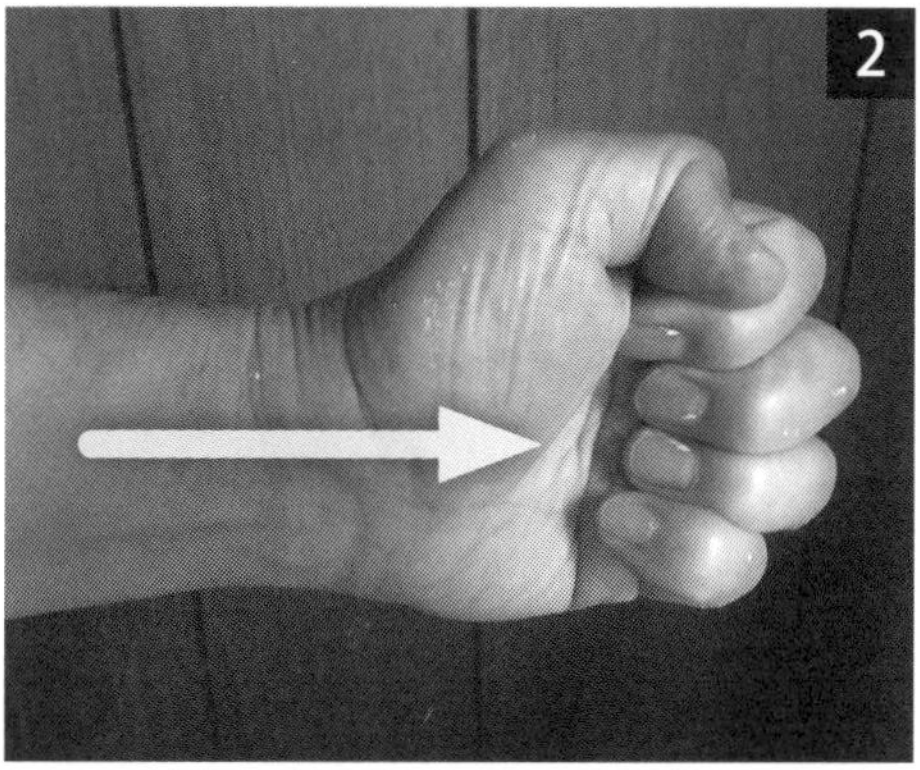

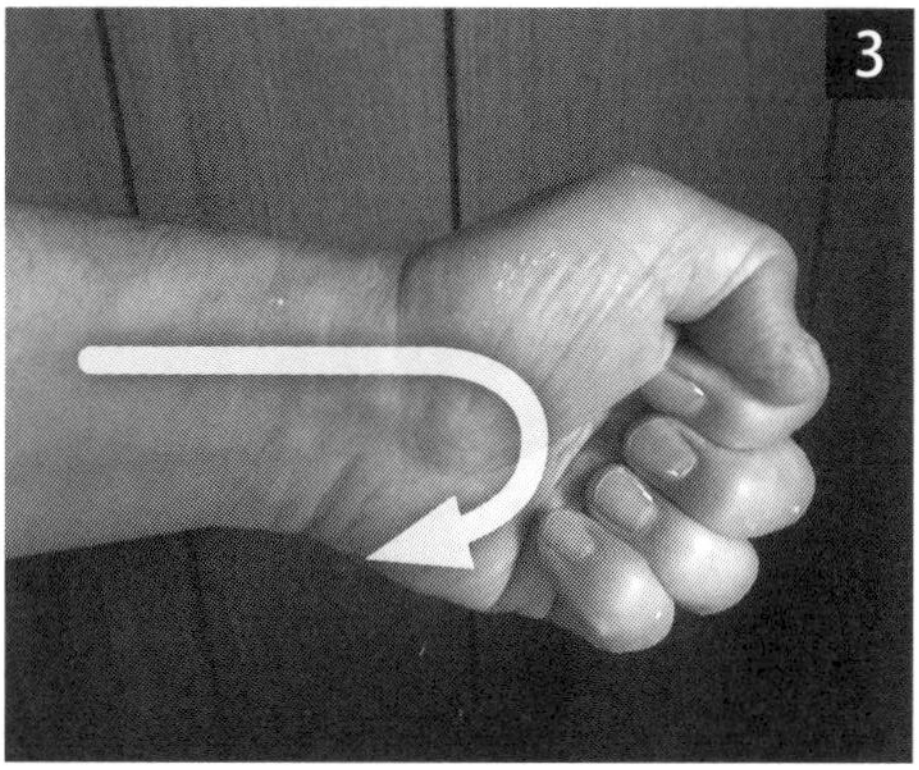

体の中へ浸透する突き

重心を捉えた突きから、体の中へ浸透する突きへ

面白いのはロックして突きを繰り出す際に、意識を拳に留めずにその先にある相手の体の特定部位、例えば胸、腹、あるいは足元へと集中すると、相手は突きを受けるとその特定部位に直接に衝撃力を感じるということです。

例えば腹を目標にしてこの突き抜ける突きを打つと、相手は直接腹に衝撃を感じて、腹から床へ落とされるようにして後方へ弾かれます。目標が下へ降りるほど、打たれた際に床へ落ちる感じは強くなります。つまり単に重心を後ろへ弾かれるのではなく、それに加えて打撃力が体の中へ浸透していくのです。

実は私は当初、「重心を捉えた突き＝浸透する突き」と考えていました。ところが柏本部でこの突きを練習していた深井先生と岡部先生が、重心を捉えて突く際にさらに意識を相手の丹田に集中して突きを出す工夫をされて、それが単に重心を捉えるだけでなく相手の体の深部へと打撃力が浸透していく突きとなることを発見しました。

お二人ともに中国拳法の達人ですから、重心を捉える突きに中国拳法独特の突き方を加味したの

です。その発見のおかげで、意識の対象を相手の胸や丹田、さらにはもっと下へと移していくと、こちらが加える打撃力がそれらの違う場所へと直接に伝わっていくということがわかりました。大きな発見です。

深井先生と岡部先生には重要なことを教えてもらうことになりました。この合気突きは深井先生、岡部先生そして私の、三人の共同研究の成果として発表させていただきます。

ともあれ、読者の皆様にはまずは最初の「重心を捉えた突き」を実現できるようにしていただき、その後でこの「浸透する突き」をぜひ試してみてください。

AIKI NEXT STAGE

体験者の声

深井信悟

快風院 主宰
中国武術・小野派一刀流
合気柔術逆手道師範五段位

私の武術は太極拳、そして日本剣術を主に、いかにして体幹主導とさせるかを日々実践しておりますが、逆手道で教わります内容は私の武術の質を格段に上げてくれました。

逆手道を稽古し始めまして、まず感じましたことは非常に数学的であったということです。武術を学ぶ上でネックとなる身体感覚なるものを数学的に捉えられることは、自身の理解の助けとなるだけではなく、他者に対してもその感覚を口頭で説明ができるという利点があります。

第四講

合気術による「合気上げ」①

速習を実現する方法

本講では、「合気上げ」についてご説明します。

合気上げを実現するには様々な異なった方法（原理）があり、これこそが〝合気上げ〟だといえるものはありません。もちろん活用する原理によって習得の難しさには違いが出ますが、難しいからといってそれが〝真の〟合気上げだということにはなりません。様々な方法があるからこそ「合気上げ」は合気術を習得する上で基本的な技として位置づけられているのだ、と私は考えています。

今回は数ある合気上げの中でも「動作系原理1　無意識動作法」に基づく合気上げを即習得できる方法について解説致します。

今回発表する合気上げの習得方法に気が付いた発端は、２０１７年の12月から翌年の2月までで行った逆手道ワルシャワ冬のセミナーシリーズでの練習でした。新たに加わった二人の弟子に合気上げを教えている際、従来どおりに注意すべき点として以下を指導していました。

1．手は五本の指に力を入れずに自然な形で伸ばしきり、手の平と指とが同一面上にあるようにする。つまり指と手の平を曲げないようにする。

2．手と腕を動かす際にはその平らにした手が床と垂直に立った同一平面状をまっすぐ前、次に上

「合気上げ」でよく見られる悪い例

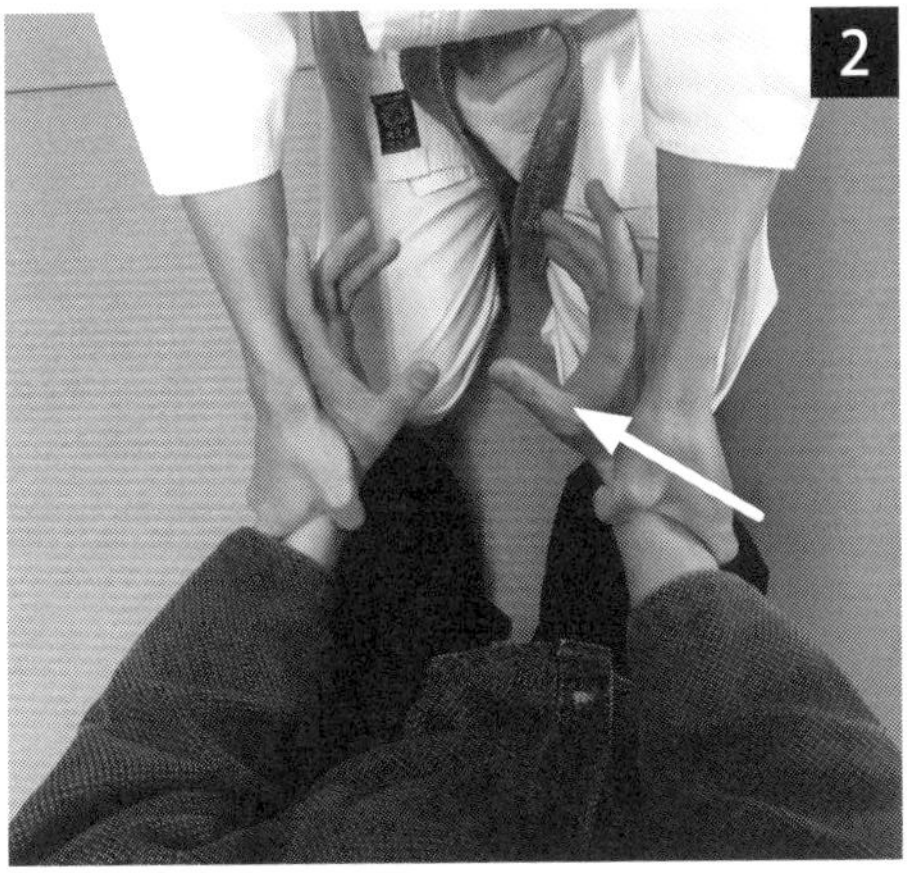

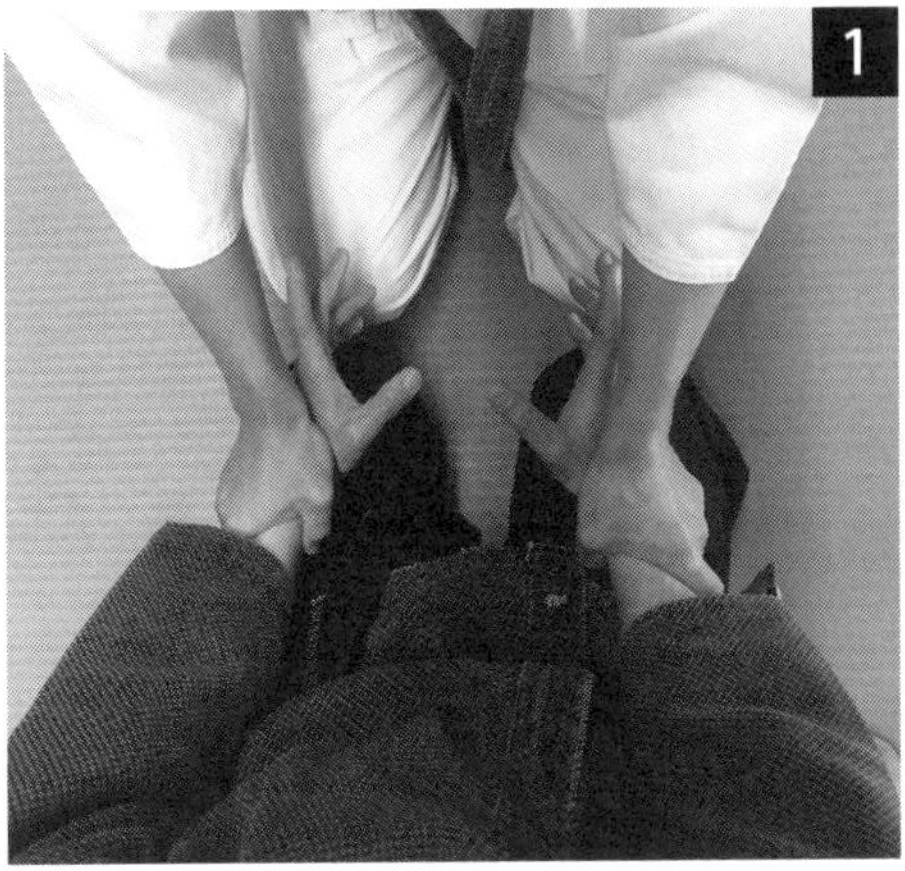

自然に伸ばした指が腕を動かす途中で曲がり、手の平も曲がってしまう（①）。手を動かす軌跡が上にいくに従って親指が内側に折れてさらに両手の間隔が狭まり、それにつれて握られた手首に余計な力が入ってしまう。特に親指が手の平と同じ平面内から内側へ折れてしまうと、たちどころに手首に力が入って技が壊れてしまうので注意（②）。

へと移動するように腕を動かす。

3．一番重要なポイントとして、腕を動かす際には相手に握られた手首に力が入らないように気を付けて腕を動かす（動作系原理1　無意識動作法）。

ここで1・2は必須ではなく、こうすればより簡単にできるようになるという補助手段にすぎません。容易にできるようになれば、1は特に無視できます。

ところが新入弟子の二人に実際にこの動きをやってもらったところ、3の握られた手首に力を入れないために髪の毛を掴みにいくなどのイメージを持って手を上げる動作に集中すると、どうしても1と2が疎かになります。そうなると、手首に力を入れずに腕を上げる動作自体も怪しくなってきます（前頁写真）。

ということをいくら注意しても繰り返してしまい、なかなか期待通りに腕が上がっていきません。そこでふと思いついたことがあり、それをこの二人に教えたところ二人とも一度に合気上げができました。脇で見ていた他の弟子たちも驚いてすぐに集まってきて、簡単かつ確実にできるこの方法を全員が夢中になってやっていました。

では早速、その習得方法を以下にご説明します。

この注意点の1〜3をなかなか守れない弟子二人を観察しながら、どうしたらできるようになってもらえるかということで、指先に力を入れずに自然に指と手をまっすぐに同一平面内で伸ばす方法として、手の平と指を床に載せて全体が満遍なく床に触れるようにするということを考えました。

今度は手を動かす最中でその状態をずっと保つにはということで、表面を水で濡らしたガラス板に手を当てて滑らせれば良いのではというアイデアがポンと湧きました。これならば指と手の平を自然に伸ばした状態を保ったまま、同一面内で移動させることができます。要するに座っている目の前に表面が濡れてつるつるに滑るガラスの板を2枚、15センチくらいの間隔で平行にして、床に垂直に立てていることをイメージします。

もちろん実際にやってみても構いませんが、イメージだけでも十分に目的を達成できます。両手をガラス板の外側からガラス板の表面に指と手の平が満遍なく当たる程度にぴったりとくっ付けて、まずは指先が相手に向かう状態で相手のほうへガラス板の表面をツーと滑らしながら、指先を相手に向かって押し込んでいきます。指先が相手の体に触れる手前で、その方向を前から上に変えながら、そのままガラス板の表面を滑らして、手首を同じ平面内で上方向へ曲げていきます。

その際は薬指が真上に向かうようにする、あるいは親指を自分の体のほうへ引きつけるようにすると効果的です。そうすることによってこちらの手首を握っている相手の手に大きなストレスを与えることができ、相手はこちらの腕の動きをブロックできなくなるばかりでなく、痛みから逃れるために自然と両肩が上がっていきます。

その状態で手を上に上げていくと、相手はその動きに抵抗ができずに腕もろともに肩が突き上げられて上半身が上がり「合気上げ」となるのです。

ガラス板に手の平と指を満遍なく当てるイメージを持てば1が満たされますし、そのガラス板に手が沿うようにして腕を動かせば2が満たされます。また濡れたガラス板の表面を滑らすようにツーと動かすイメージで3が実現できます。

つまりこのイメージを抱きながら手と腕を操作すれば、この合気上げで重要な3点が全てクリアできるというわけです（次頁写真①～⑥）。

イメージを用いた「合気上げ」

座っている目の前に表面が濡れて滑るガラスの板を2枚、15センチくらいの間隔で平行に床に垂直に立てていることをイメージする。ガラス板の表面を滑らしながら、指先を相手に押し込んでいく（①〜③）。指先が相手の体に触れる手前で、その方向を上に変えながら手首を同じ平面内で上方向へ曲げる（④〜⑥）。その際に薬指を真上、あるいは親指を自分のほうへ引きつけることによって相手は自然と両肩が上がり、その状態で上げれば「合気上げ」となる。

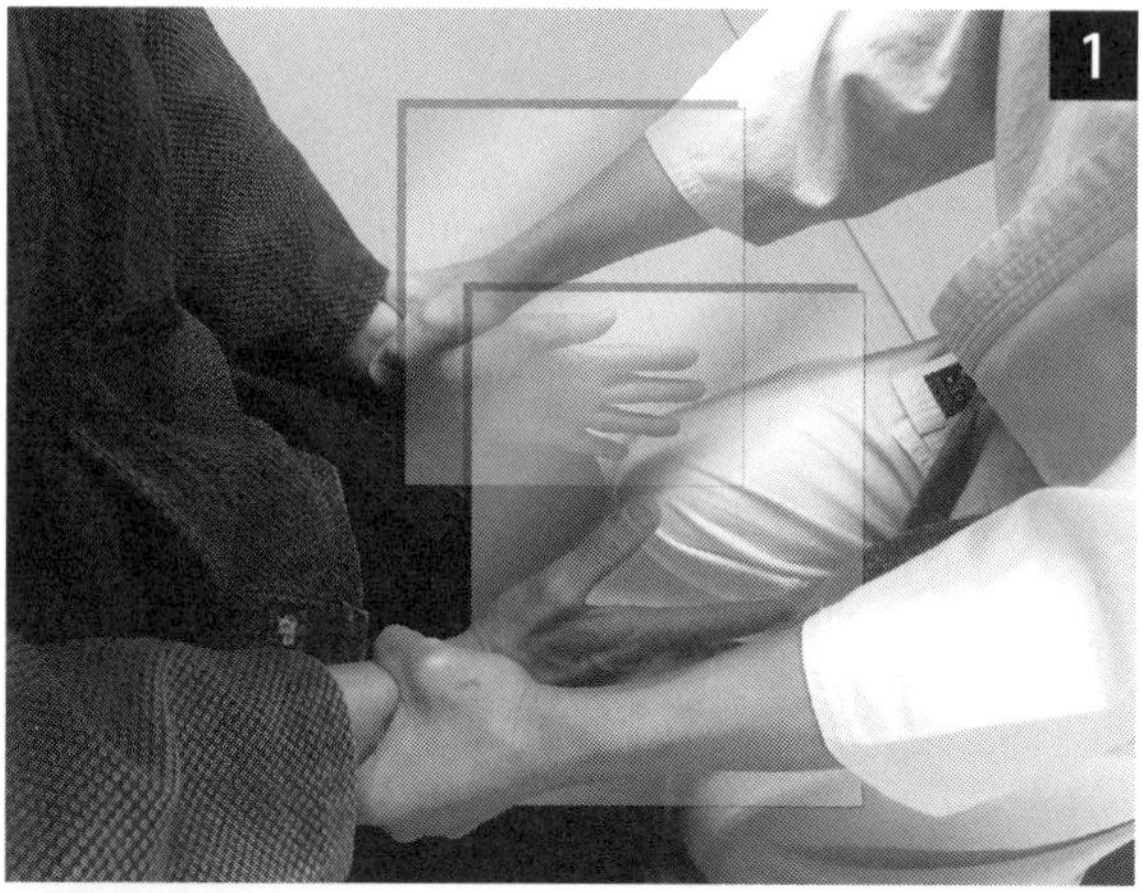

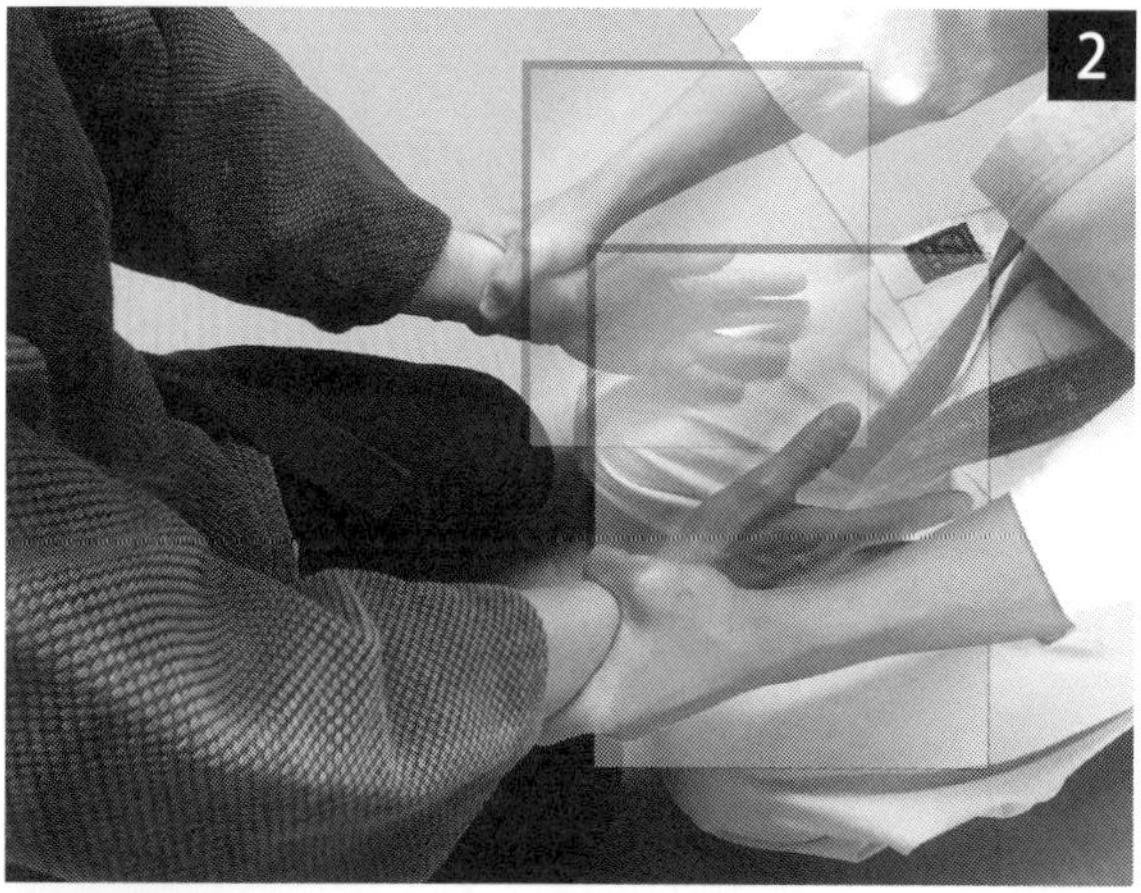

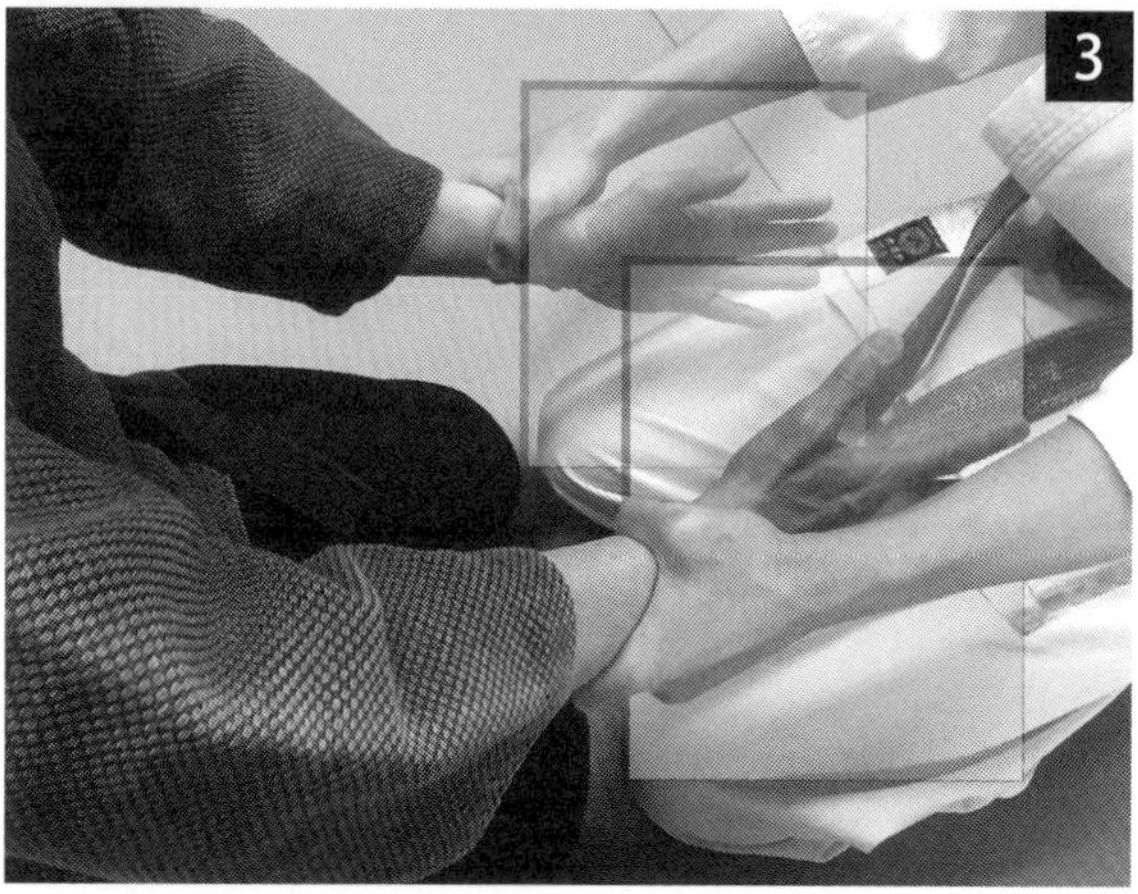

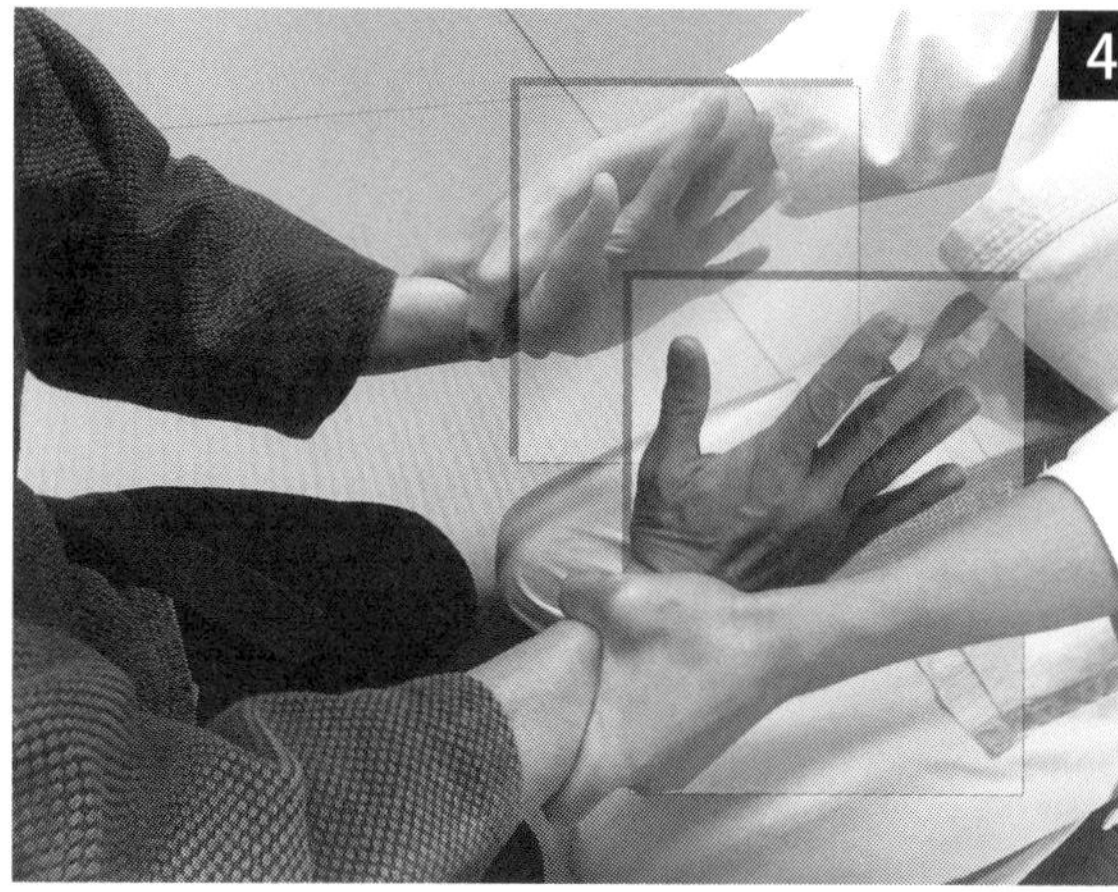
4

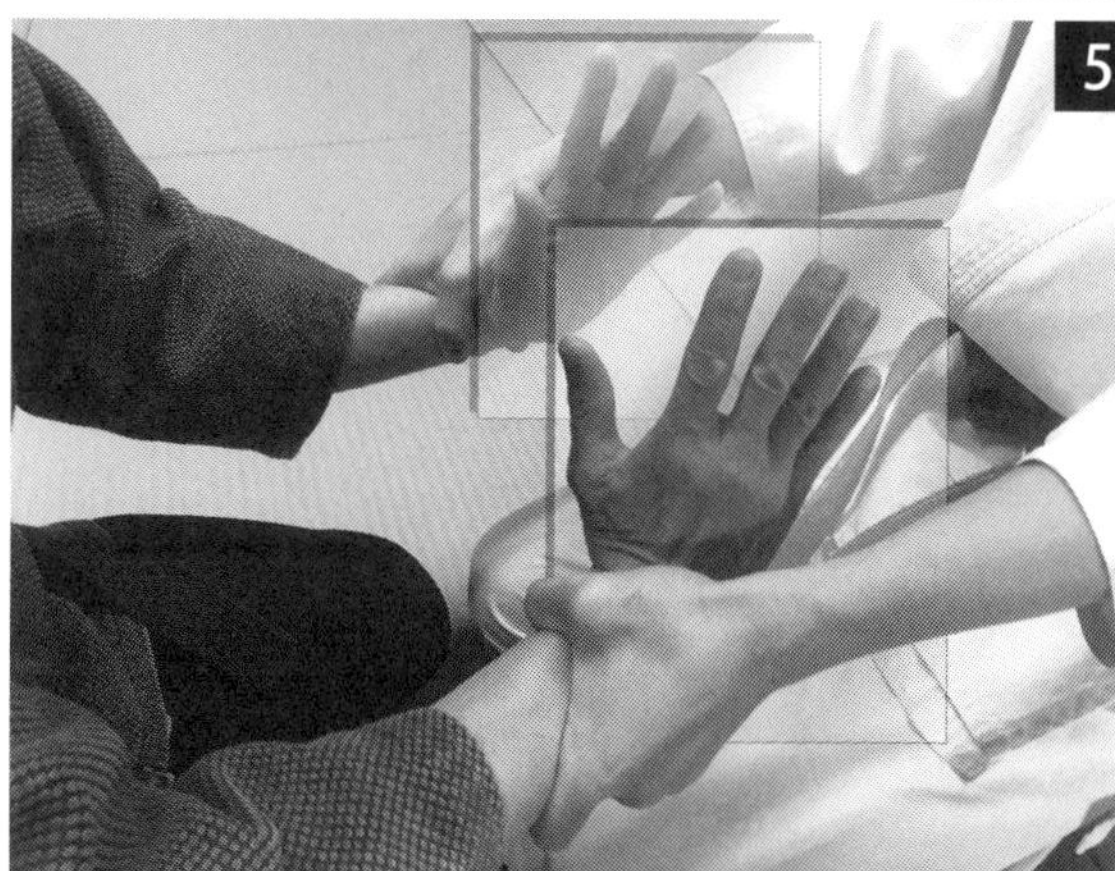
5

6

ぶつからない腕の動きの実現

以上で皆さんが「動作系原理1　無意識動作法」に基づく「合気上げ」ができるようになったことと存じます。合気速習としてはそこまでできるようになれば十分目的を達したことになりますが、もう少し欲を出してさらに先へと進んでみましょう。

無意識動作法に基づく合気上げですが、合気術とはいえ、受けの腕と体を持ち上げるにはある程度の力を要します。その力をもっと少なくする方法について考えてみましょう。

今回の方法でも結構力を使って受けの腕を上げている人は、次の三つのケースが考えられます。

1．掴まれた腕を上に上げるタイミングが早すぎるので、受けのブロックがほどほどに効いて上げるのに苦労する。

2．掴まれた両手を相手の体に近づけていく際に、その腕の動きを相手にブロックされてしまう。

3．上げるタイミングは手を十分に相手の体に近づけた時で良いのだが、指がまっすぐ上を向いていない、つまり、手の平と腕とが成す角度が浅すぎて受手に十分なストレスを与えていない。

これらの理由で、1と2は互いに関連があります。つまり、掴まれた腕を相手に向かって押し込んでいく際に相手がその動きをブロックする力を感じるために、十分押し込まないままで上げる動作へ入ってしまう、そのような場合に起こりがちです。

そこで掴まれた腕を相手に向かって押し込んでいく際には、相手がブロックする力を起こさせないように押し込む必要があります。そのためには腕を相手に向かって押し込む時に水平よりもやや

ぶつからない腕の動き

腕を掴まれた状態で、このまま両手を相手のほうへ動かすと、どうしてもブロックされがちとなる（①）。そこで握られた両手を4センチほど上にいったん持ち上げ（②）、そこからやや下向きに相手に向かって両手を進めていくと、ブロックされずに両手を進めることができるようになる（③）

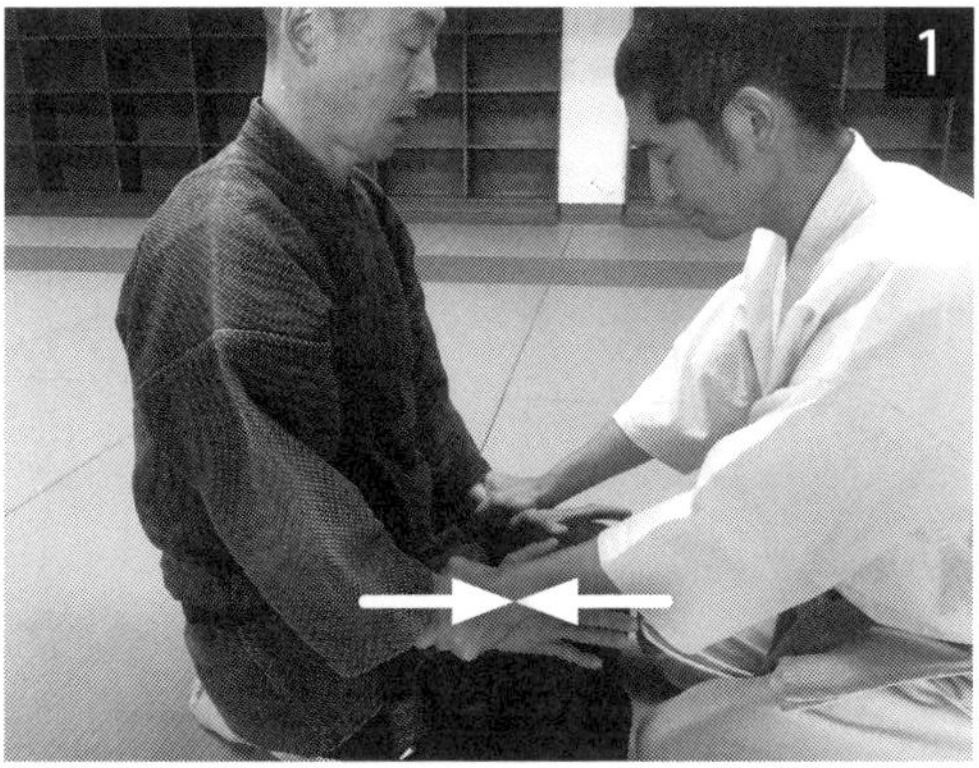

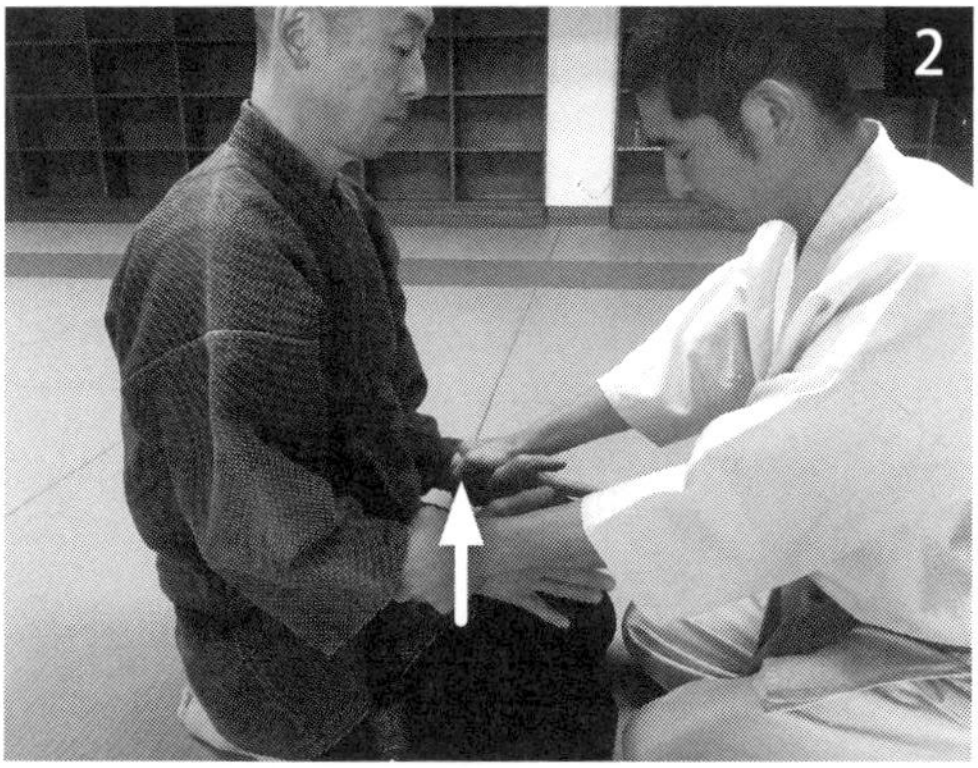

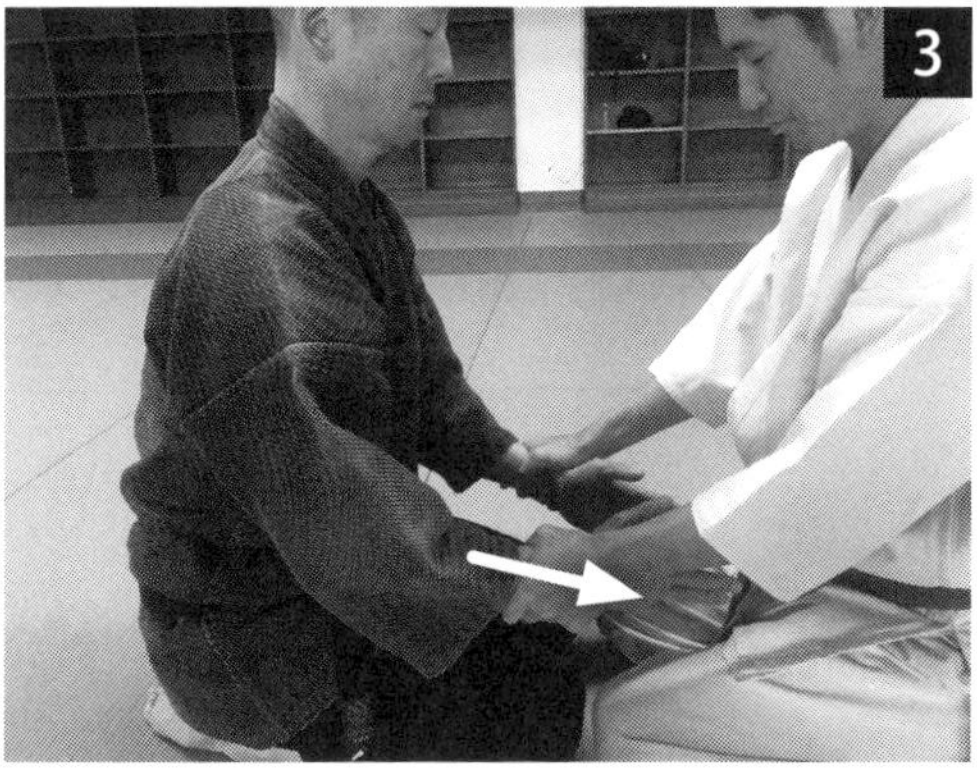

下向きの方向で自分の腕を進めていくことが重要です。これにより相手の力とぶつからないようにして、自分の掴まれた腕を相手に向かって押し込んでいくことができます。

3の場合には最初のほうでもすでに述べましたが、例えば中指ではなく薬指に注目して、それをまっすぐ持ち上げるようにする、あるいは自分の両親指を体のほうへ引き寄せるようにして上げると、相手を持ち上げることが容易となります。

最後の仕上げとポイント

以上説明してきた合気上げを実現する腕と手の動きを100パーセント実践するための方法として、指導者の手と実践者の手とを重ね合わせて、あるべき動きをやってみせる方法があります。これは実践者にとってはまさしく理想的な練習方法となり、一、二度行えばなすべき動きを100パーセント理解できます。

ただし問題は、正しい動きを示すことができる指導者の助けを得なければならないことで、これが結構難しいと思います。以下にその方法を示します。これは動画でもご覧いただけます。

今回は手や腕の動かし方をいろいろとご説明しましたが、それらは補助手段にすぎません。一番

指導者が手を重ね合わせて導く

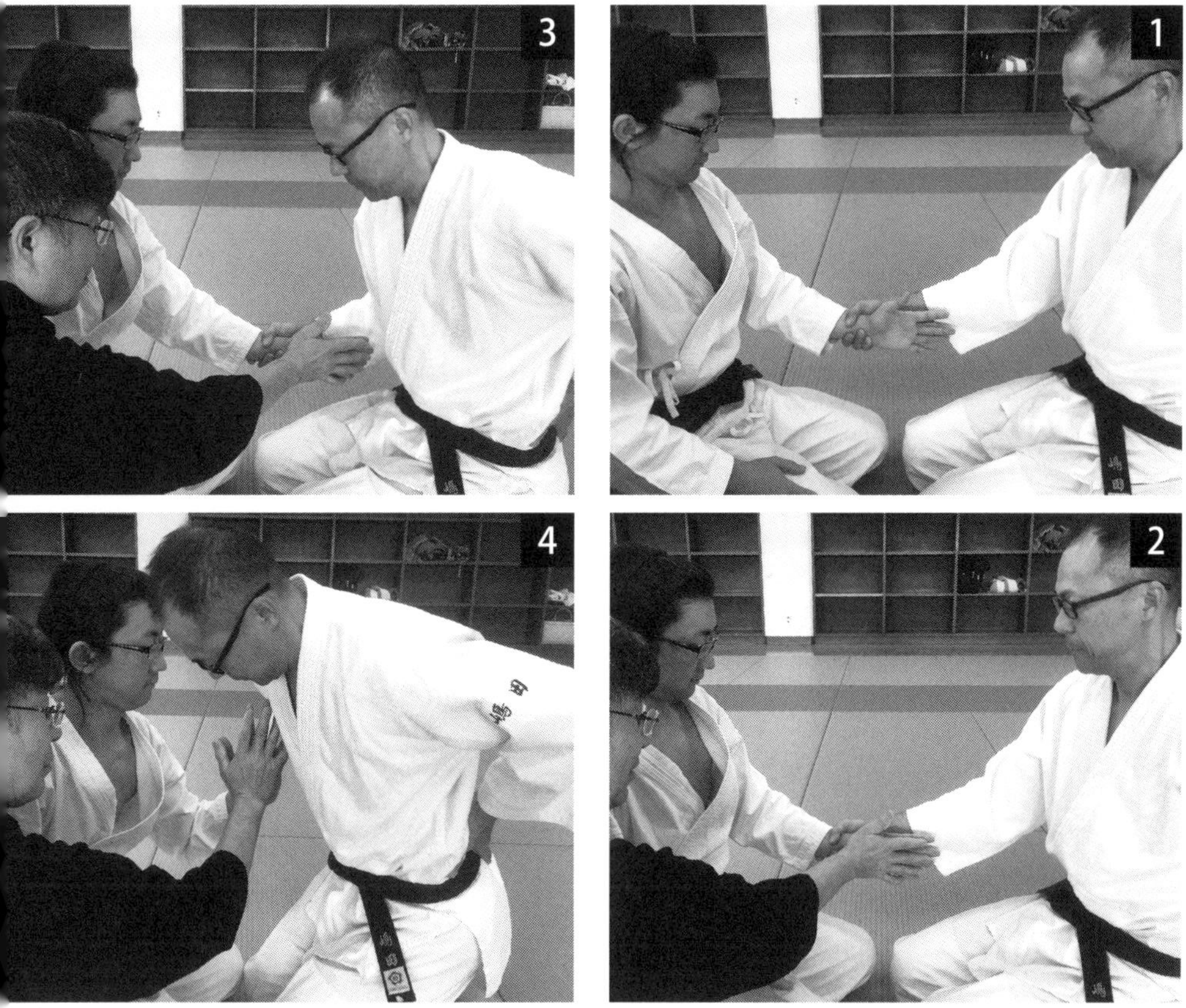

受けが右手で捕りの左手首を掴む（①）。捕りの左手に指導者が右手をぴったりと重ねる（②）。そのまま指導者が右手を受けのほうへ気持ち下向きに、受けの体に触れそうになるまでスライドさせていく。この際に手が進む方向をまっすぐ水平ではなく、やや気持ちだけ下向きにすると、受けから動きをブロックされづらくなる（③）。そこまで押し込めたら、指が上向きとなるようにして手を返す。手の平が腕と直角を成すまでに返せたら、受けの体は浮き上がり始める。そうしたら腕を上げにいく（④）。この順番を守ることが重要で、決して手の平が腕と直角を成す前に腕や手を持ち上げてはいけない。そうすると受けの手に十分なストレスが掛からず、上げる動きをブロックされやすくなってしまうので注意。

AIKI NEXT STAGE

体験者の声

濱崎旦志

合気柔術逆手道柏本部会員
合気柔術逆手道師範代四段位
九十九式太極拳の会 会員
岡部武央師範（玄武館）の
個人稽古を受けている。

私は学生時代は野球をしており、大学卒業後に野球の指導者を目指して海外で活動していました。大学で合気道をやっていたこともあり、海外のトレーニング方法を学ぶ中で、武道・武術を活用した能力開発が今後のスポーツ界の発展のカギを握るのではないかと思い、武道の稽古に励むことになりました。

合気柔術逆手道では、それぞれの技を系統立てて稽古し、誰でもステップアップできるところが特徴だと思います。合気術は、スポーツトレーニングの原則と言われている「使っている部位を意識して動かすという意識性の原則」とは真逆の発想で「使っている部位を意識せず、力も入れず動かす」必要があるので非常に難しくやりがいがあります。

そして、合気術を身につけることが、力まずにパフォーマンスできるというスポーツにおける一流の感覚を習得できる近道ではないかと考えています。合気術は傍から見ると、「やらせではないか」と思われるかもしれませんが、実際にご自身で体験して判断されると面白い発見ができると思います。

重要なポイント、つまり掴まれた手首に力を入れずに腕を持ち上げることが意識しなくともできるようになれば、そうした補助手段は一切必要なくなります。掴まれた腕を相手のほうへ動かさずとも、手を開かずにすぼめたまま、手を腕に対して折らずにまっすぐにしたままでも合気上げができるようになります。

しかし、この最終目標をいきなり達成するのは非常に困難です。今回ご説明した補助手段を全てきちんと実行して「合気上げ」が容易にできる方法をまず習得し、それから入れる力と補助手段の動きを段階的に少なくしていく練習をぜひ続けてください。

第五講

合気術による「合気上げ」②

体重を乗せて押さえにきた相手を持ち上げる合気上げ

前講に続いて、本講も別の方法による合気上げの解説を致します。これはＹｏｕＴｕｂｅでも何人もの先生が披露されているもので、両腕に全体重を乗せてこちらの両手首を掴んできた相手を軽々と持ち上げるという技です。

たまたまＦａｃｅｂｏｏｋで知り合った、神戸で合気道を指導されている合気道天地会代表者の前谷研吾先生が、この合気上げを披露されているのを拝見し、自分でもできるようになりたくて何度も試しましたが、どうしてもできません。幸い、三重県の鈴鹿で開催した逆手道のセミナーに前谷先生がわざわざ神戸から参加してくださることになり、特別にお願いして、セミナーの最後のほうで合気上げを私に掛けていただきました。

どのような力が私の体に作用するのか事前にいろいろと予測していたのですが、実際に掛けていただくと自分の体重が数分の一ほどに減った感じで、体全体が自然に軽く持ち上げられてしまいました。特に肩や体の一部に不思議な力が加わった感じはしませんでした。

体重が減ったようにというのは、上げられる際に前谷先生の両手首から私の掴んでいる両手、両腕に掛かる〝持ち上げようとする力〟が小さいことからそう感じたのです。

逆手道第二回鈴鹿セミナー参加者。左から津江氏、高野支部長、著者、前谷先生、中村氏、湯澤氏（写真撮影◎高田氏）。

そのことから「前谷先生は掴まれた両手首から私の両腕を通して、私の体全体を持ち上げようとする〝気〟を通しているのだろう」と推察して、早速交代してやってみましたが、どうしても力で押し上げる技となってしまい、うまくいきませんでした。

その日の晩に、逆手道鈴鹿支部会員の皆さんと設けた懇親会で、糸東流空手道六段でもある鈴鹿支部の高野支部長に〝できなくて残念だった〟旨を話すと、私が考えもしなかった方法を高野支部長が推察してくれました。

高野支部長は私が上げられる様子を脇でじっと観察した結果、その合気上げは力学の原理を使ったものだと解析したのです。私は相手を体ごと持ち上げるような技は到底力学や物理で説明がつかないものとして、最初から除外して考えていましたが、高野支部長の説明と、上げられたときに私が感じた様子と確かに辻褄が合います。

セミナーから帰宅して翌日に柏本部での練習がありましたので、早速会員の深井先生と岡部先生に協力してもらい、高野先生の推察に基づいた動きを幾通りかやって確かめました。

何回か行ううちに私が体験した上げられ方と全く同じ動きが実現でき、この合気上げを実現する方法を把握することができたのです。原理さえわかれば、その技を他の人ができるように説明することが可能となります。他の人がわかるように、そしてできるように説明できて初めて私は自分ができたと実感して、１００パーセントの満足感と達成感を感じます。では、以下にその方法をご説明します。

準備　受けは捕りの両腕を両手で掴み、そこに体重を掛けます。その際に重要なことは、受けの両腕が手を先にして傾いているようにすることです。このことは、捕りが掴まれる両腕の位置を膝のすぐ傍に置くようなことさえしなければ大丈夫です。

また膝のすぐ傍に両手を置いて受けに掴ませると、その体から離れた両手を前方へ出すのが難しくなるため、両手はできる限り腰の近くまで引きつけた位置に置くのが正解です。

両手首を捕らせる位置

右写真は、受けに掴まれる両手首が腰と膝の中間点になっている。そうでなく、左写真のように両手を腰に近づけた位置で受けに両手首を捕らせたほうが、楽に受けを持ち上げることができる。

物理で実現する「合気上げ」

①の状態から持ち上げようとすれば、どうしても握られた腕を上げようとしがちになって、受けを持ち上げることはできない。まず引いた骨盤を前に押し出すようにして、調子をつけて腰の動きと連動させて両手を前に水平に押し出す（②)。続いて両手を少し前に動かし、受けの肩が上がり始めたらすぐに円を描くように上に動かすと、受けはそのまま上がり続ける（③)。ここでは捕りは腰を持ち上げているが、腰を落としたままでも軽々と持ち上げられる。

（1）この状態から受けを上に持ち上げようとすれば、どうしても握られた腕を上げようとしがちですが、それをやると受けの体重と捕りの腕力とで捕りに不利な状態での勝負となり、受けを持ち上げることはできません（次頁図①）。これが最初の私を含めて、ほとんどの人がやってしまう間違いです。

（2）捕りは腕と手を上に持ち上げる代わりに、両手をわずかな距離（数センチくらい）だけ前方へと繰り出します。その両手を水平に動かすと、棒に見立てた腕は肩を中心に回る運動をすることになり、結果として受けの肩は上に持ち上げられます。腕を棒と見立てれば、棒の下端が水平に動く距離に比べて棒の上端が上に上がる距離は数分の一程度となるので、上に持ち上げる力は水平に押した力の数倍程度となります（図②）

なお、このとき両手を前に動かすのを上半身（骨盤）の前後運動に合わせて行うと楽に動かせます。そのために手は腰の近くに置く必要があるのです。つまり骨盤を後ろに引いておき、両手を前に出す際は引いた骨盤を前に押し出すようにして、調子をつけて腰の動きと連動させて両手を前に水平に押し出すと両手を軽く動かせます。

（3）こうしていったん持ち上がり始めた受けの上半身は、捕りが両手をそのまま水平に押し続けたのでは、受けは後方へ崩れて上には持ち上がらなくなります。ですから捕りは両手を少し前に動かして、受けの肩が上がり始めたらすぐに円を描くように上に動かすと、両手に大した力を入れなくとも受けはそのまま上がり続けます（図③～④）。

図解「合気上げの力学」

63頁の連続写真①の受けの図解。捕りがこの状態から受けを持ち上げようとすれば、受けの体重と捕りの腕力とで、捕りに不利な状態での勝負となってしまう。これは当初の著者を含め、ほとんどの人がやってしまいがちな間違い。

図①

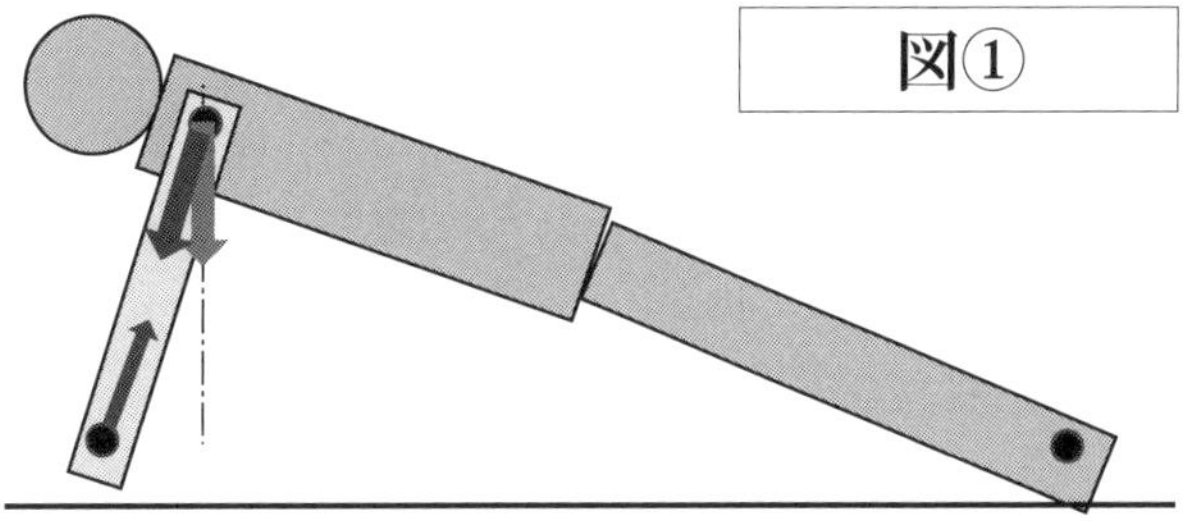

捕りが両手を水平に動かすと、棒に見立てた受けの腕は肩を中心に回る運動をすることになり、結果として肩は上に持ち上げられる。受けの腕を棒と見立てれば、棒の下端が水平に動く距離に比べて棒の上端が上に上がる距離は数分の一程度となるので、上に持ち上げる力は水平に押した力の数倍程度となる。

図②

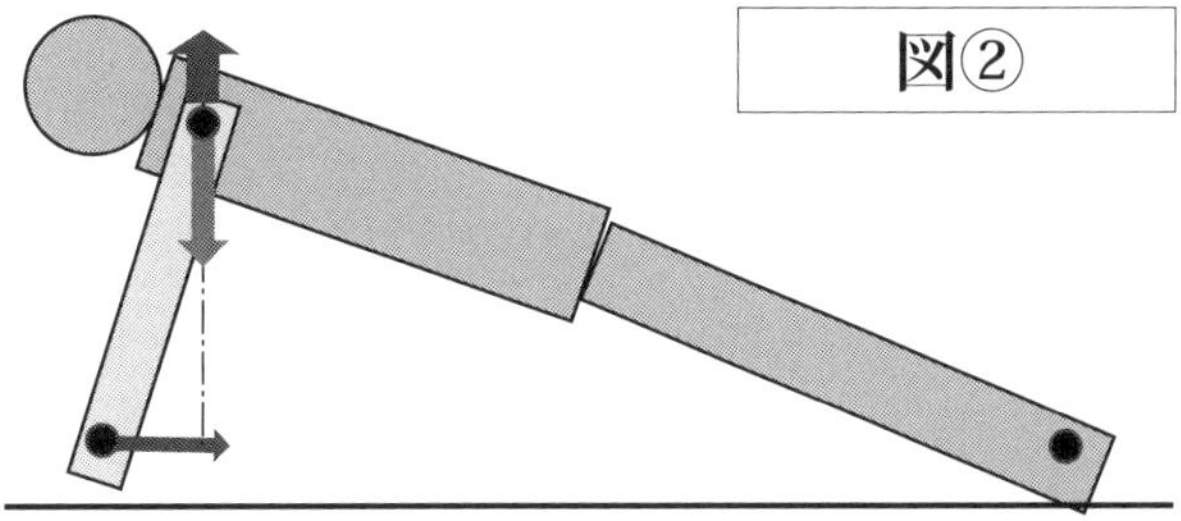

受けは腕の先を押されて傾いた腕が垂直に立ってくるために、その付け根である肩が少しだが持ち上げられる。そうしたら、捕りは腕を動かす方向を水平から徐々に上向きに変えてゆく。

図③

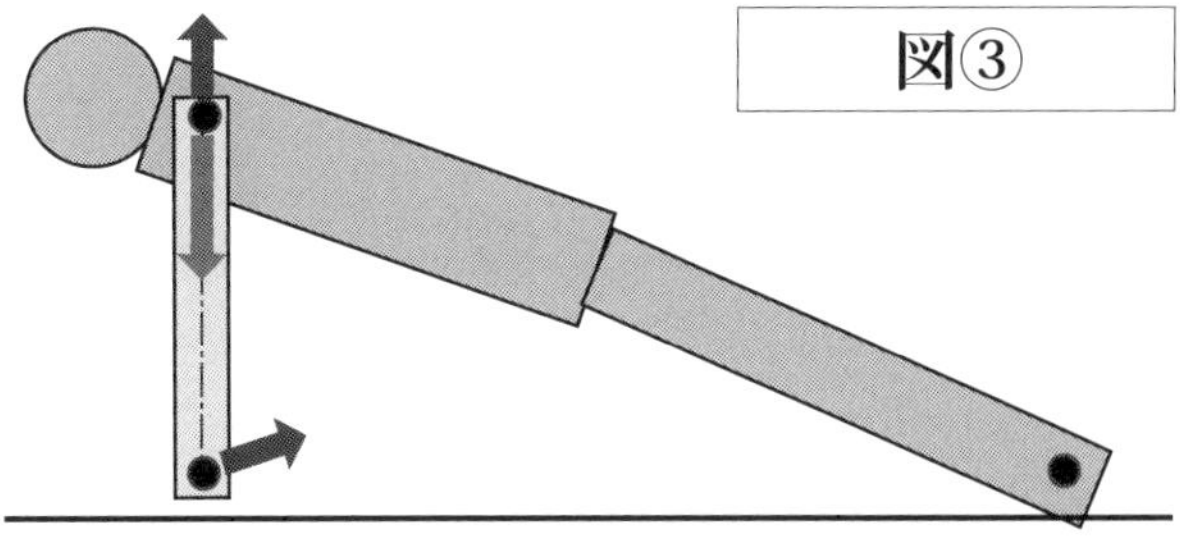

すると受けの肩が軽く持ち上げられ、結果的に受けは体全体が軽く持ち上げられた状態となる。

図④

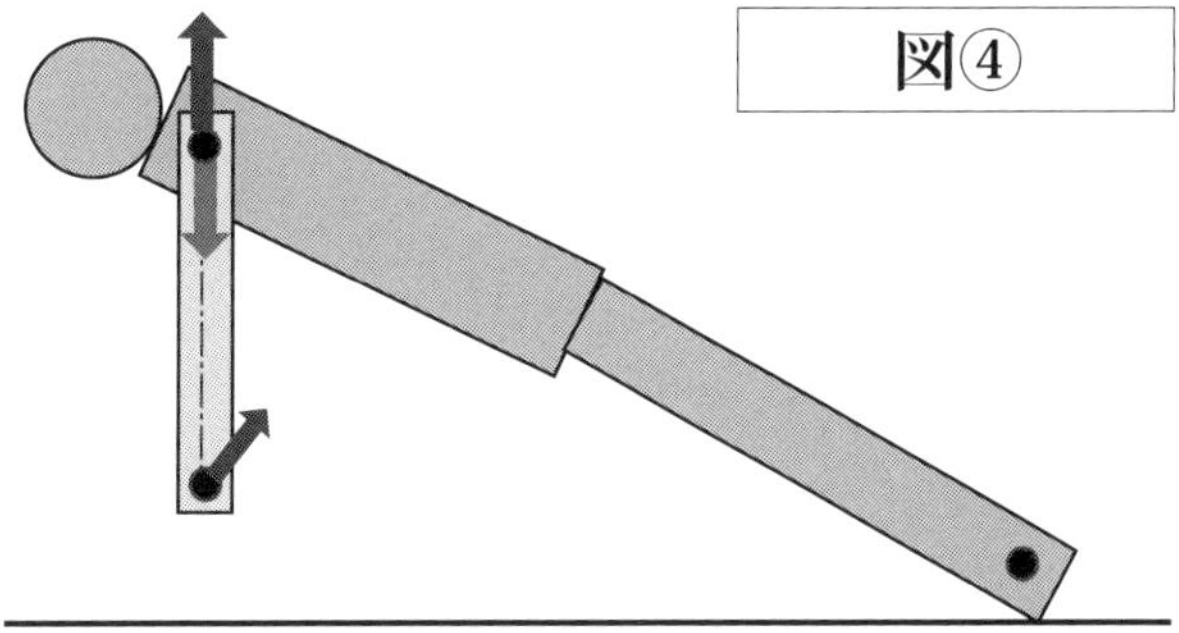

静止しているものを最初に動かすには大きな加速度が働くので大きな力が必要ですが、それは受けが両手を水平に動かすことで実現できていますので、その動きを継続させるのにはもはや大きな力は必要ないという理屈です。

相手は腕の先を押されて傾いた腕が垂直に立ってくるために、その付け根である肩が少しですが持ち上げられます。そうしたらこちらの腕を動かす方向を水平から徐々に上向きに変えます（図③）。すると相手の肩が軽く持ち上げられ、結果的に体全体が軽く持ち上げられてしまいます（図④）。この様子をぜひ動画でご覧ください。

ＣＡＥ解析結果

本原稿を読んだ高野支部長が、バックアップデータのためにとＣＡＥ解析をしてくれました。次頁にその結果の概要をお知らせします。

図解　「合気上げ」CAE解析

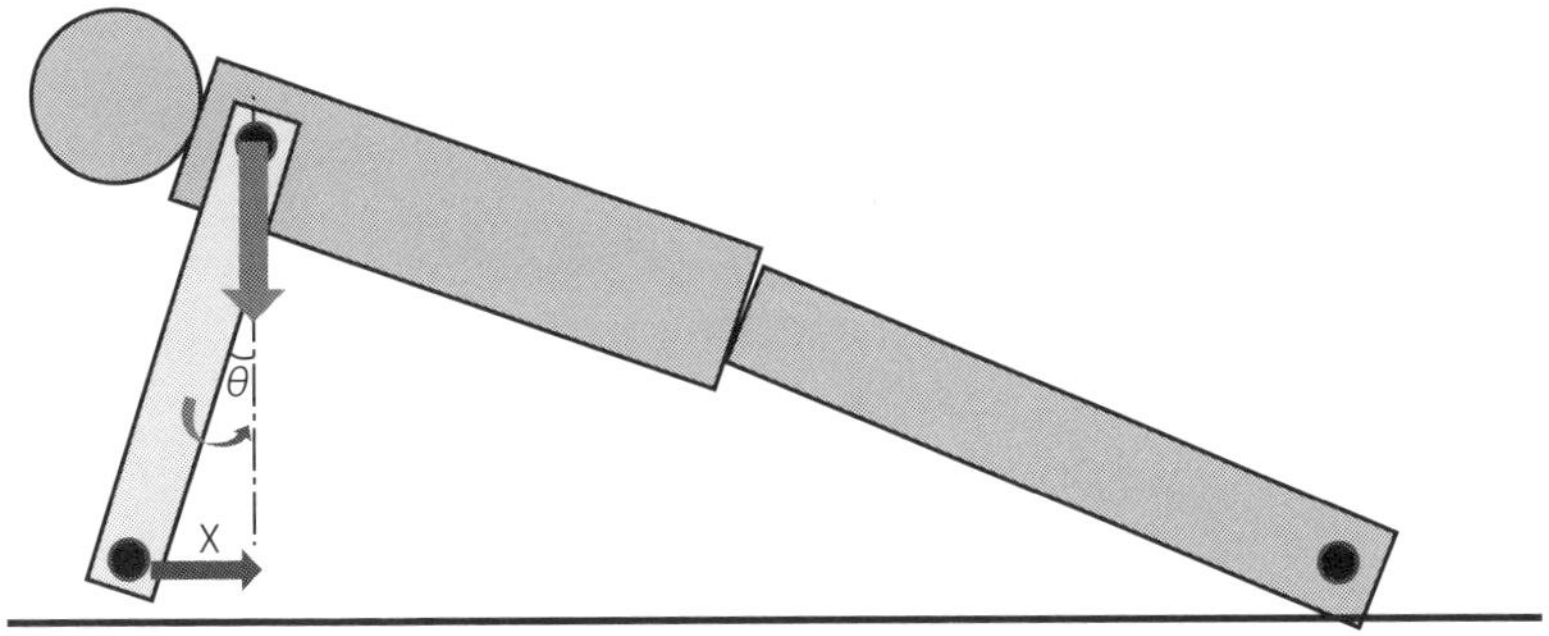

前提条件として、体重 60 キログラム重の人が、63 頁連続写真①のような形で体重を乗せて捕りの両手首を掴む。この際、捕りの両手首に乗る体重は実測で 41 キログラム重（400 ニュートン）となる。この値を荷重として使う。なお、この解析には腕の撓みも考慮されている。

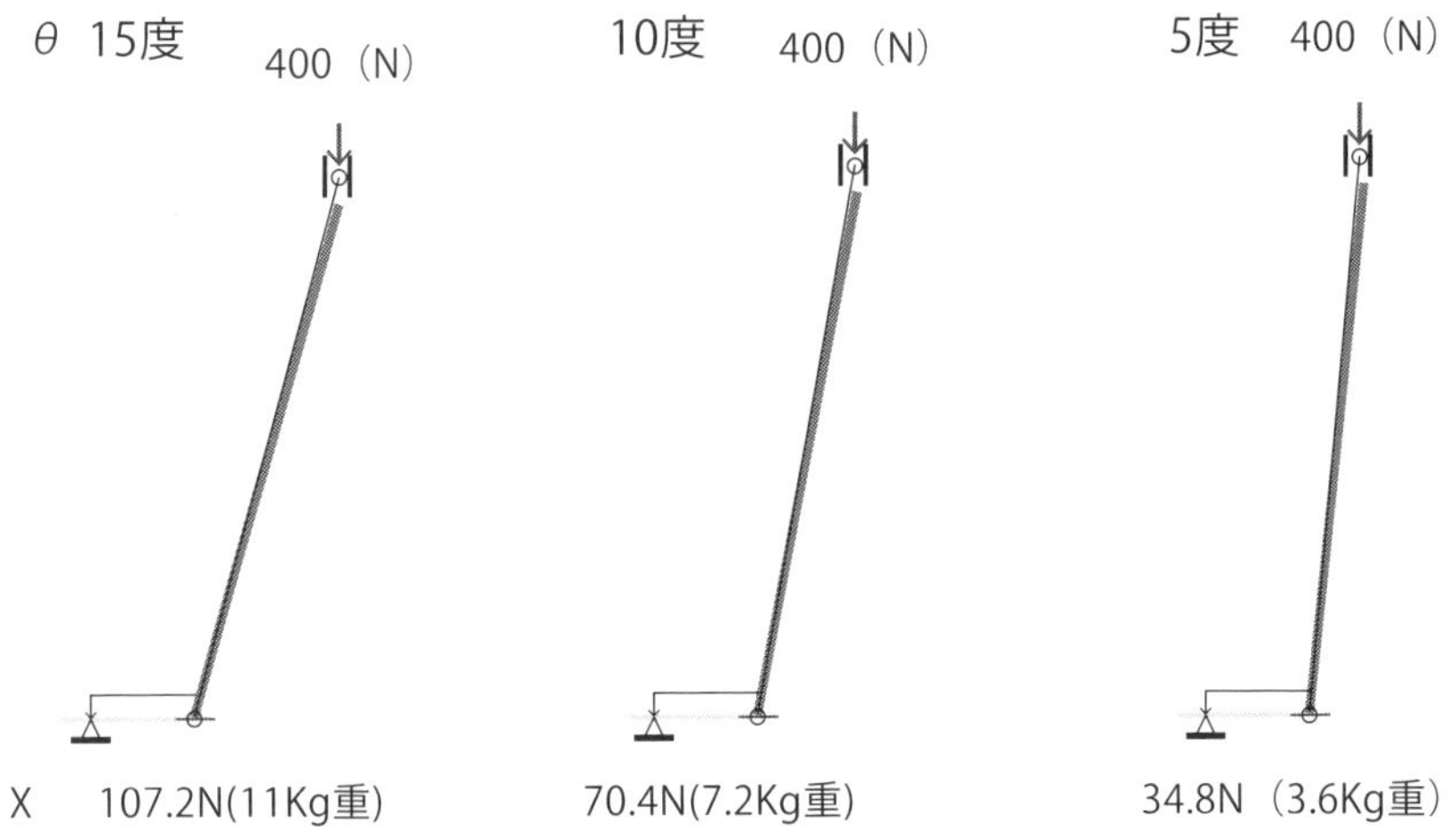

上記のように、受けの腕の角度が立てば立つほど、捕りが両手（腕）を前に出すのに必要な力は少なくなる。10 度では約 1/6、5 度では 1/10 以下となる。60Kg 重の人を持ち上げるのには、手を水平方向へわずか 3.6Kg 重の力で押せばよい。

手首を掴まれた両手を、梃子の原理で前に押し出す柔術技法

梃子の原理を応用した柔術の技法

捕りは指先を足の上につけたまま、掴まれている両手を起こす。指先を支点、手首を作用点に見立て、受けの両手を押し込んでいく。この方法なら単に腕を水平に押し込むよりも3～4倍の力で押すことができる。なお、ここでは撮影のため受けは手を膝のそばに置いているが、原則として前述のように手は腰の近くへ引きつけておくこと。

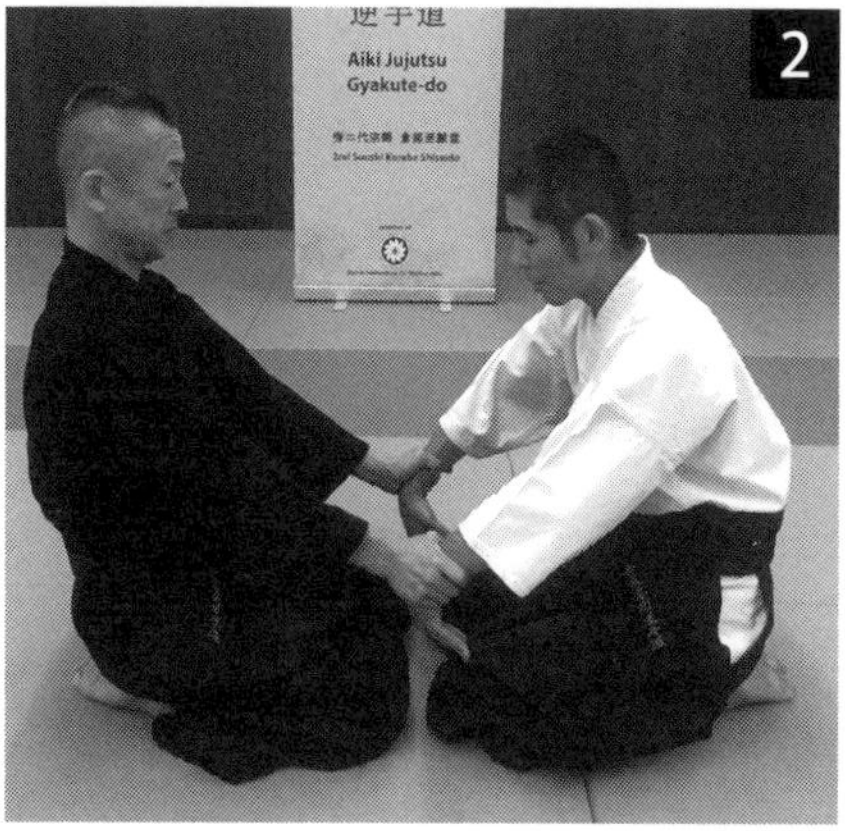

以上の解説では、単に手を前に押し出すと説明しました。普通ならばさほど大きな力は要しませんから、単に前に押し出す、あるいは体（骨盤）の動きと一緒に調子をつけて前に押し出せば事足りますが、体重差のある受けが強い力で押さえつけてきているような場合には、簡単に前に押し出せないことも起こり得ます。そのような場合には柔術の定番技、梃子《てこ》の原理を使った押し出しが活用できます。

イメージを使って最後の仕上げ

さて、ここまでご説明した方法を試された読者の皆様は、全体重を乗せてこちらの両手首を上から掴んでくる相手を持ち上げる合気上げができるようになったことと存じます。ただし、Ｙｏｕｔｕｂｅなどで観るように相手を軽々と持ち上げるには今ひとつ、そんな思いを抱かれている方も少なくはないと思います。そうです、まだあと一つ大事な仕上げが残っているのです。

今までご説明した方法で、相手をまず少しだけ前方に水平に押し出すのに続いて、図③の動作から相手の手と腕を持ち上げる動きに入りますが、この際に相手の両肩を直に持ち上げるイメージを持って、こちらの手と腕を動かしてください。そうすると、相手を持ち上げる際にこちらの両手首に掛かる力がてきめんに小さくなることがわかることでしょう。これこそが、この合気上げが合気術であることの証です。

私は当初、相手を持ち上げる物理的な基本原理に気が付かずに、最初からこの気を相手の両肩に通して相手を上げようとして失敗しました。相手を物理的に上げることに成功したら、今度はそれに加えて気を使って相手の両肩を上げればよいのです。

この二つの組み合わせで合気上げが実現できることになります。これは動画でも解説してありますので、ぜひご覧になってください。

ご協力いただきました先生方のおかげで、合気上げの方法が解明できました。この方法でやれば、どなたでも合気上げができるようになります。この素晴らしい技をご披露いただきました前谷先生、完成にご協力いただいた深井先生、岡部先生、田中さん、そしてそれを実現する基本原理に気が付いた最大の功労者である高野支部長、皆様に心から感謝申し上げます。

AIKI NEXT STAGE

体験者の声

田中 真

合気柔術逆手道柏本部会員
合気道錬身会弐段

私が合気道を始めたのは約３年前、50歳を過ぎてからです。怪我で見取り稽古しかできなかった時に様々な武道・武術の本を読みあさりましたが、その中で最も印象的だったのが倉部宗師の『できる！ 合気術』でした。

倉部宗師は元技術者らしく、現象の分析、原理の抽出から、できるようになるためのステップの設定までを組み立てて体系化されていらっしゃるのは、書籍を読んだ方はおわかりでしょう。実際にご指導いただくと、できていない、できそう、できている、と明快に示してくださいますので、自分の感覚と動きをアジャストできます。今回の合気上げは合気術でなく物理ということでご指導いただきましたが、これも非常に明解で、少し練習するだけで初心者でも容易に身につけることができるのに驚きました。

力だけで勝負するのは武道・武術ではありませんから、自分のやっている流派を縦糸、合気術を横糸にすることで、技を深化させて素晴らしい布を織り上げられるのではないでしょうか。倉部宗師が主宰する練習会にはいろいろな武道・武術の師範や高段者の方もいらっしゃいますので、ぜひ合気術を一緒に稽古しましょう！

第六講

最高峰の原理「合気モード」①

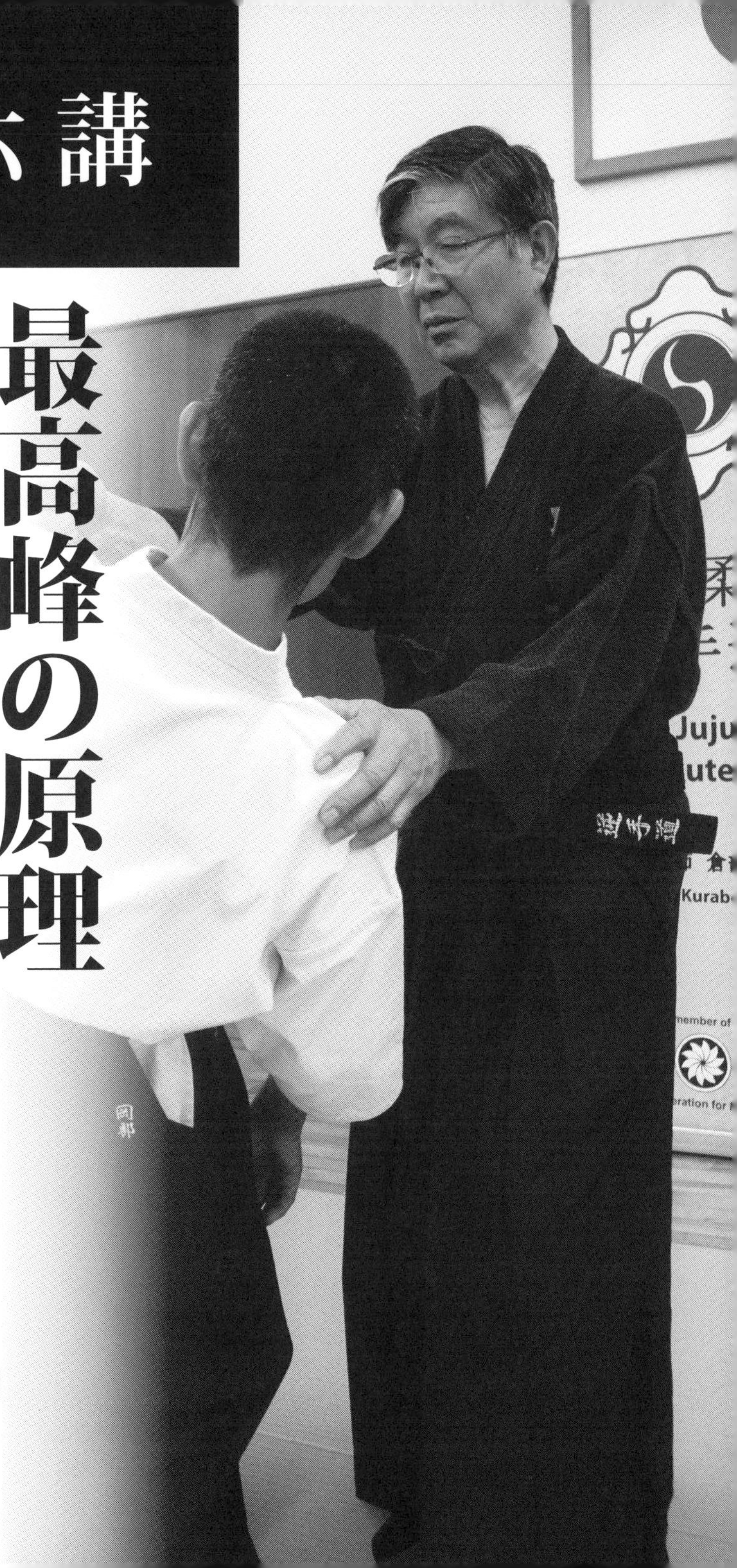

合気術を実現する原理〝合気モード法〟とは

合気モードという方法は数ある合気術の原理の中でも、物理的な力を使う割合が他の方法と比べて比較にならないくらい小さいという点で、おそらくその最高峰に位置する原理・方法の一つと言えるでしょう。触れるだけで相手が崩れる。極端な場合では触らなくとも相手を崩してしまう。そんな奇跡的な方法ですから、そのために原理が理解できない人たちからはしばしば〝まやかし〟あるいは術者同士の〝八百長〟と非難され続けているのが現状です。

私がこの合気モードによる合気術を初めて体験できたのは氣空術を主宰されている畑村洋数先生のおかげです。たまたまＦａｃｅｂｏｏｋで交流が始まったご縁で、私が27年間暮らしたオランダを離れて日本へ戻ってきた２０１６年に氣空術東京支部の稽古会に招待していただき、畑村先生が演武される素晴らしい合気モードによる合気術を拝見できる幸運を得られました。

その際に説明していただいた方法から、これは脳波をコントロールすることで実現する技だと理解できました。その後も、畑村先生とは冠光寺眞法の同門となる剛柔流空手の松村哲明先生と交流できる機会を得、さらにはお二人の師匠となる保江邦夫先生とも知己を得て東京での稽古会に呼んでいただいたおかげで、私の合気モード探求も順調に進んでまいりました。

もちろん私のレベルはまだようやくでき始めたばかりにすぎず、前述の三人の先生方のような強い合気モードを駆使される段階には程遠いのが現状ですが、これまでに理解してできるようになったことを整理してお伝えすることで、合気モードを習得されたいと願っている方々の少しでもお役に立てれば幸いと考えて、自身の低いレベルも顧みずにその解説記事を書かせていただくことに致しました。

高いレベルの合気モードを駆使されている先生方から見れば、理解不足で至らない箇所も散見されるに違いないと存じます。私の至らぬ箇所あるいは理解が間違っている箇所にお気付きの場合は、ご指摘いただければ大変ありがたく存じます。

人間の脳波というのは異なる周波数の交流電気信号が組み合わさってできたものであって、脳波の周波数分布状態と脳の活性状況とは直接的な関連があるために、それぞれの周波数帯域によって77頁図のように分類されています。

人間の脳波はこれら全ての周波数帯域の波が組み合わされてできており、脳の状態によってそれぞれの周波数帯域での脳波のレベルが他の周波数帯域のレベルよりも強くなるということで、例えばリラックスしている状態であってもアルファ波だけでなくベータ波や低周波ももちろん出ています。同様に睡眠状態であってもアルファ波やベータ波の周波数帯域の脳波も、レベルは低くなりますが出ています。

武術やスポーツ競技を行っている際には脳波はベータ波モード、高い周波数帯域の脳波が強くなるのが普通です。その状態からあえて中周波数帯域の脳波を意識的に強く出してアルファ波モードに切り替えることによって、気持ちをリラックスさせて動きを改善する効果があることはよく知られています。一流のスポーツ選手はそれを使って気持ちを落ち着かせて、試合に臨んでいると本で読んだことがあります。

以前に米国人空手家が書いた本を翻訳して『三戦の「なぜ？」』（ＢＡＢジャパン）という題名で出版しましたが、そこには「武術でいうところの『残心』というのは、脳波をベータ波モードからアルファ波モードに切り替えることで実現できる。脳波をアルファ波モードに切り替えると、自分の周囲に満遍なく気配りができる。つまり、周囲にソナーを放射して危険を察知できる能力が高まる」ということが解説されていました。

また、ボクシングの選手が試合中に脳波をアルファ波モードに切り替えると相手の動きがスローモーションで見えるようになり、守りも攻撃も自然とできるようになるという話を二人の打撃系の武道の先生から伺いました。

そういうところから、合気モードというのは脳波をアルファ波モードに切り替えれば実現できるのではと考えがちですが、前述の先生方がやられている合気モードを観察し、そして自分でも練習して理解したのは、合気をかける際には単に気持ちをリラックスさせるのではなく瞑想状態に入る必要があるので、使うのはさらに低い周波数帯域のシータ波モードであろうということです。

ただし瞑想状態になるのは6Hz周辺の周波数帯域の脳波が強く出たモードという解説もあるので、シータ波あるいはアルファ波という分類にこだわらず、合気モードというのは瞑想状態となって、6Hz周辺の低い周波数帯域の脳波が強く出るモードにして実現する技と定義すべきでしょう。

面白いもので意識を強く働かせて瞑想状態に入ると、つまり意識して低い周波数帯域の脳波を強くすると自分の体が接触している他人にもそれが伝搬して、その人の脳波を自分と同じ低周波モードに切り替えてしまうこともわかっています。

この接触というのは肌で直接触れ

脳波の分類一覧

分類	デルタ(δ)波モード	シータ(θ)波モード	アルファ(α)波モード	ベータ(β)波モード
周波数帯域	1-3Hz	4-7Hz	8-13Hz	14Hz以上
当該周波数帯域の脳波が他の帯域の脳波よりも強く現れる状態	深く眠っている状態	深い鎮静、瞑想状態	気持ちがリラックスしていて、周囲に満遍なく気配りができている状態	何かに集中し、あるいは何かを警戒して緊張し、脳が活発に動いている状態

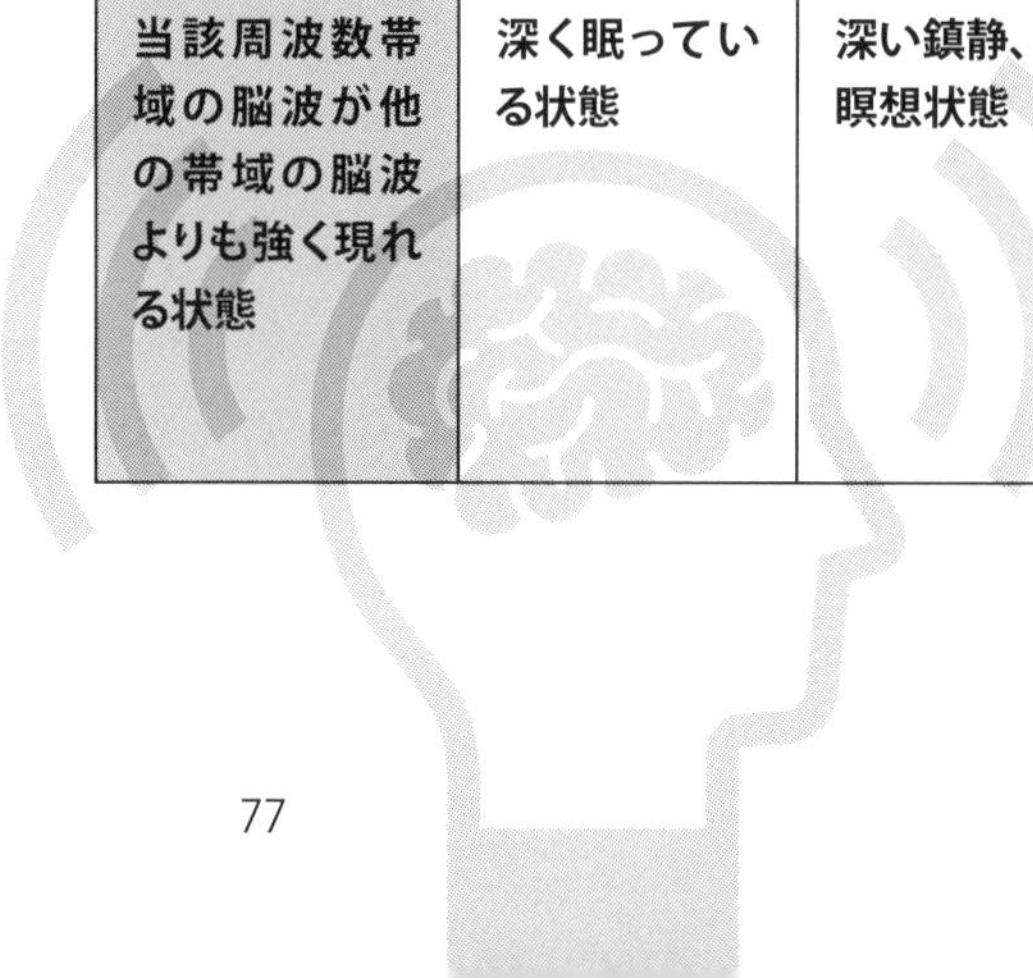

る必要はなく、道着やそれ以外のものを介しても伝わります。また極端な場合ですが、全く触れていない状態でもあたかも空中を伝搬するかのごとくに伝わります。

例えば、こちらの動きが見えないように相手の背後から肩や手に触ろうと手を差し伸べていくと、まだ接触していない時点ですでに相手はザワーっという感覚と共にこちらの合気モードを感じて、敏感な人だとそれだけで崩れ始めてしまいます。

今回は脳波研究の専門家で逆手道の会員でもある橋本政和先生の御発案で、合気モードが低い周波数帯域の脳波を強く出すことで実現できることを実証しようと、橋本先生が手配していただいたフューテック・エレクトロニクス株式会社製の脳波測定機を使って脳波の測定を行いました。

その結果は次講（第七講）でご報告します。また、なぜ脳波をコントロールして意識的に深い瞑想状態に入ると、接触している相手を簡単に崩せてしまうのか。これは大変興味深く、そして重要なテーマなので、第八講の橋本先生との対談にて、さらに掘り下げていきます。

合気（低周波）モードを作る

合気（低周波）モードの作り方

お互いに向き合って座り、捕り（右）は軽く拳を握った両手を前に出し、受け（左）は捕りの両拳をごく柔らかく両手で包むようにして触れる（①）。捕りはその状態で脳を深い瞑想状態に、つまりボーっとさせる。受けはそのボーっとした状態が自分にも伝搬したと感じたら、両目をしばたくなどして捕りに低周波モードが移ってきたことを知らせる。捕りは受けがその合図をしてくるまで自身の脳波を低周波モードに切り替えて、それを維持するように努める（②）。一通り終わったら、受けと捕りを交代して同様に行う（③）。

1

2

3

受け（左）が「入った」と合図を送ってきたら（④）、捕り（右）は静かにゆっくりと両手を前に押し出す（⑤）。そうすると受けは抵抗せず（できず）に後方へ崩れてゆく（⑥）。写真は受けが両拳を握り、捕りが両手を包んだ場合。また、どちらか片方の手だけを押し込むことで、受けを左右いずれの方向にも倒すことができる。

自分の脳波を低周波モードに切り替えることができたかどうかは、自分の頭がボーっとしますから自身で判断できます。また自分が低周波モードに入ると、こちらの体が接触している相手の脳波も低周波モードに切り替えてしまう効果があるので、低周波モードを作る練習と相手にそれを確認させる練習が同時に行えます。

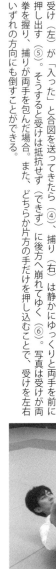

脳波を低周波モードに切り替えた状態で触って崩す

次は触ったままではなく、脳波を低周波モードに切り替えた状態で相手に触って崩す練習をしてみましょう。

低周波モードに切り替えた状態で崩す

受け（左）は胡坐で座ったまま、両手を胸の前で重ねる（①）。受けの正面に胡坐で座った捕り（右）は、脳波を低周波モードに切り替えてから、軽く握った片手で受けの重ねた両手をごく軽くポンと打つと（②）、受けは後方へ崩されて倒れる（③）。

動画による合気モード解説

（1）合気モードを使った「天地投げ」への応用。
（2）座った状態で重ねた手の平を軽く打って相手を倒します。

動画では、柔術の技〝天地投げ〟を合気モードで行ってみました。比較のために最初は柔術技で、次に合気モードを使ってこの天地投げを行いました。

柔術技との一番大きな違いは、柔術ではこちらの両腕を掴んできた相手をまず物理的に崩す導入部が必須となりますが、合気モードによる投げでは、相手はすでに崩れている状態となりますから、いきなり投げることができるということです。

AIKI NEXT STAGE

体験者の声

植松宏行

逆手道師範代四段位
大東流合気武道三段

私は現在、大東流合気武道・武田時宗門下の系列で武道に励んでいる一人です。縁ありまして逆手道の通信教育に籍を置き、現在に至っています。

逆手道は私の習っている合気武道とは大きく異なり、最初は随分と力みもあり、力の出しどころがわからず何度も倉部宗師のご指導を仰ぎました。リラックス状態を作ることがとても大事であることを痛感しております。少しずつですが無駄な力が抜けるように心掛けて技に挑戦し、今では成果も徐々にではありますが、実感として確認できるまでになりました。

倉部宗師はとても丁寧で、技ができるまで根気よくご指導していただけるのがありがたいです。これからも日々是精進です。

第七講

最高峰の原理「合気モード」②

合気モードの難点

前講では座った状態で合気モードに入り、相手を崩す練習をしました。本講はその次の段階として、お互いに立った状態で試してみましょう。

次頁写真②の合気モードに入って受けを押す際に、どうしても手に力が入ってしまう場合は、手と腕を他の原理、波動法のように初めは小さな力で、徐々に押す力を強くしていく感じで動かし始めると面白いように合気モードが効果を表しますので、ぜひ試してみてください。これは波動法で受けを倒す練習をしていた際に、偶然に合気モードに入って見つけた方法です。

では少々難しくなりますが、今度は動きの中で合気モードを使ってみましょう。これも類似の技に合気接触の原理を用いた「屏風《びょうぶ》倒し」という技を従来からご説明してきました。合気接触で相手を崩す場合には、受けの体全体はしっかりとしていて、両肩が動いてそれに同調するように体全体が動いて崩れていくのに対し、合気モードでは体全体の力が抜けて腰から崩れ落ちていくという違いがあります。

この二つの方法を掛ける側から見た違いですが、合気接触の場合は両手をごく軽く触れるか触れないかの感覚で優しく受けの両肩に乗せて合気接触を作り、そのデリケートな接触が壊れないよう

立った状態から合気モードで崩す

受けは正面立ちでリラックスして構え、捕りは受けの正面からその両肩に両手を置く（①）。捕りは合気モードに入り、両手を前方向に静かに押し下げる（②）。受けは体全体の力が抜けたようになり、後方へ崩れ落ちてゆく（③〜⑤）。

動きの中で合気モードを使って崩す

捕りは自然体で構え（①）、受けが踏み込んで中段を突いてくるのを体捌きでかわしつつ、受けの両肩に両手を置く（②）。合気モードに入った状態で、受けの両肩に乗せた両腕の力を抜くだけで受けは簡単に崩れてしまう（③）。合気接触のように接触の感覚を維持する必要がなく、より高度な合気技法といえるだろう。

に、そぉ〜っと両手と腕を相手が崩れる方向へ動かすのですが、合気モードは合気モードに入った状態で両手を軽くふんわりと受けの両肩に乗せて、脱力して腕の力を抜くだけです。

合気モードは、それを出す側の強さと受ける側の感度の強さ次第で効き方が違ってきます。受ける側の感度は普段合気モードの練習をしていれば当然強くなるので、練習で感度が強くなったお弟子さん相手には効いても、全くの第三者には効かないことがしばしば起こり得ます。特に私のようにできはじめで合気モードの力がまだ十分に強くない、つまり意識して出す低周波の脳波のレベルが十分に高くない場合には、受ける側の感度が鈍いと全く効かないことが起きます。

ちなみに私の孫たちは6歳と4歳の男の子ですが、彼らには私の合気モードは見事なくらいに全く効きません。またお弟子さんたちの中にも感度の強い人、鈍い人がいて効き方も人によってかなり異なります。相手によって効いたり効かなかったりすることから、合気モードがほどほどわかっている人たちの間ですら「合気モードというのはそれを感知できる人だけ、つまり普段それを練習して崩されるのに慣れている仲間や弟子たちだけにしか効かないものだ」と断じる人たちがいます。

しかし、これは出す側と受ける側の相乗効果ですから、出す側のレベルが十分に強くなれば受ける側の感度が少々鈍くても効くはずです。事実、某有名空手流派の猛者ご本人から伺った話ですが、かつて冠光寺眞法の保江邦夫先生のところへ道場破りに行ったところ、保江先生の合気モードで翻弄されてさんざんに打ち負かされてしまったということです。

やられた本人曰く「何がなんだかわからないうちに何度も投げ飛ばされてしまった」とのことでした。保江先生のように強い合気モードを発生できる方にかかれば、いきなり訪れた空手高段者の道場破りでも簡単にコントロールされてしまうという実例です。

脳波測定による仮説の実証

低周波数帯域の脳波を意識的に強く出して、脳波を低周波モードに切り替えると合気術が実践できるという仮説を実証するため、逆手道の会員で生理学博士でもある橋本政和先生のご協力を得て、合気モードに入った際の脳波を測定する実験を行いました。

実験

（1）合気モードに入ると脳波が低周波モードとなることを脳波測定で実証。

（2）受けと捕りが接触している状態で、捕りが脳波を低周波モードへと切り替えた時に、受けの脳波も低周波モードへと切り替わることを実証。

低周波の脳波測定では、低い周波数で、かつ脳波より遥かに強いレベルで発生する筋肉を動かす筋電流を排除しないと何を測っているのかわからなくなるおそれがあるため、被測定者が安静状態でないと正しい脳波測定ができません。従って、今回の実験では実際に技を掛けた状態での脳波測定ができませんでした。ただ技を掛けるときと同じ状態での脳波測定をしていますので、検証はできたものと判断します。

脳波というのは幅広い周波数帯域で発生していて、ベータ波、アルファ波、シータ波というのはその便宜上定められた帯域の中で発生している波にすぎず、脳波を測るとその結果は周波数分析結果となって各周波数帯域でのスペクトラム表示となって得られます（次頁図X）。

例えば、同じアルファ波でもベータ波領域に近いものもあればシータ波領域に近いものもあるということで、意識的に半居眠り状態（合気モード）に入ると普通の状態に比べて低い周波数帯域、つまり7～8Hz以下の低周波帯域のレベルが増すということです（図Y）。また、本当の睡眠状態では中、高周波数帯域のレベルが激減するので、それが意識的に半居眠り状態に入った場合との違いとなります。

そして肩に手を触れているほう（この場合は私）が合気モードをON・OFFすると、触られている側（田中真氏）の脳波もそれに反応して低い周波数領域のレベルが上がったり下がったりして反応することも今回の測定で確認できました。つまり、合気モードが伝搬することが確かめられたのです（図Z）。

脳波測定による合気モード実証

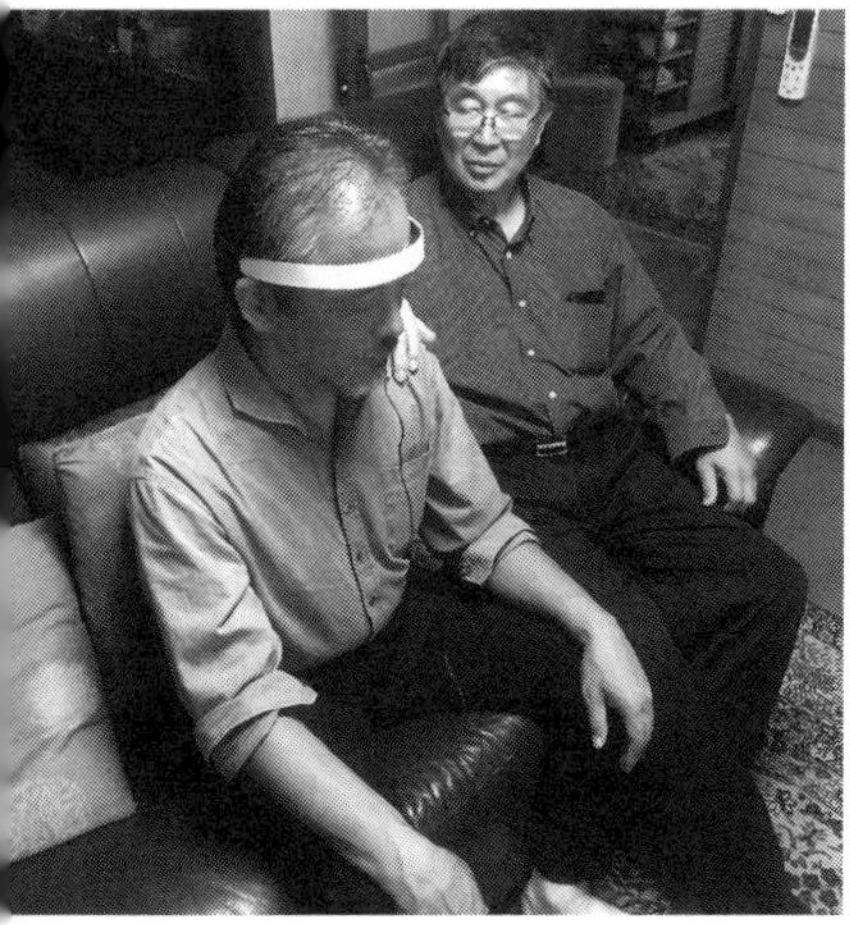

著者の脳波測定作業中の橋本先生（上写真）。
田中氏の肩に触れた状態で、著者が合気モードを ON・OFF して田中氏の脳波を測定（左写真）。合気モードが伝搬することを実証した。

図X

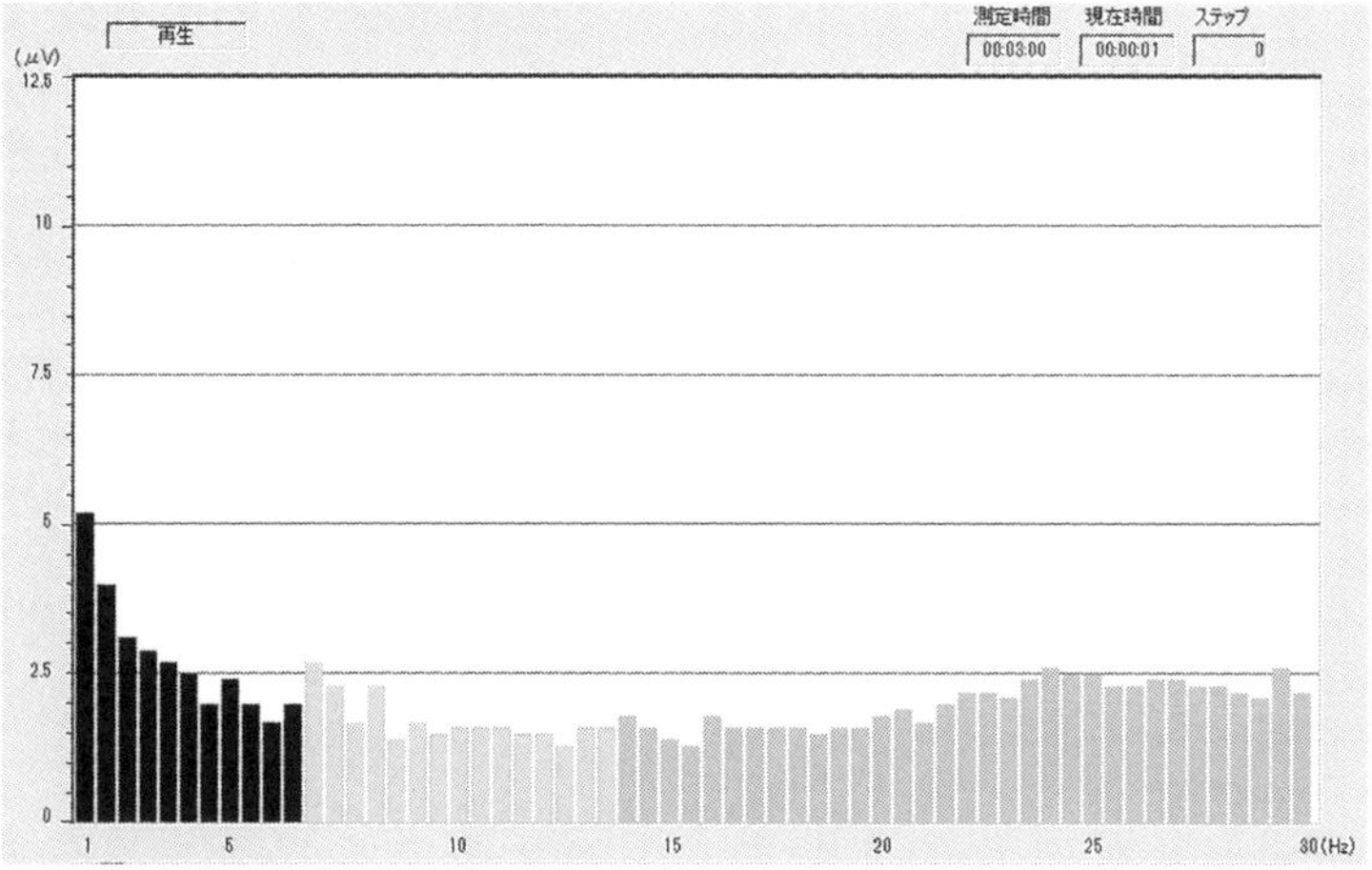

著者のリラックスした状態での脳波のスペクトラム分析結果。縦軸が振幅μボルト、横軸が周波数 Hz であり、2.5 〜 4Hzをデルタ波、4 〜 8Hzをシータ波、8 〜 13Hzをアルファ波、13 〜 30Hzをベータ波とする。左から順に、デルタ波＆シータ波、アルファ波、ベータ波とそれぞれ色分けして表示されている。

図Y

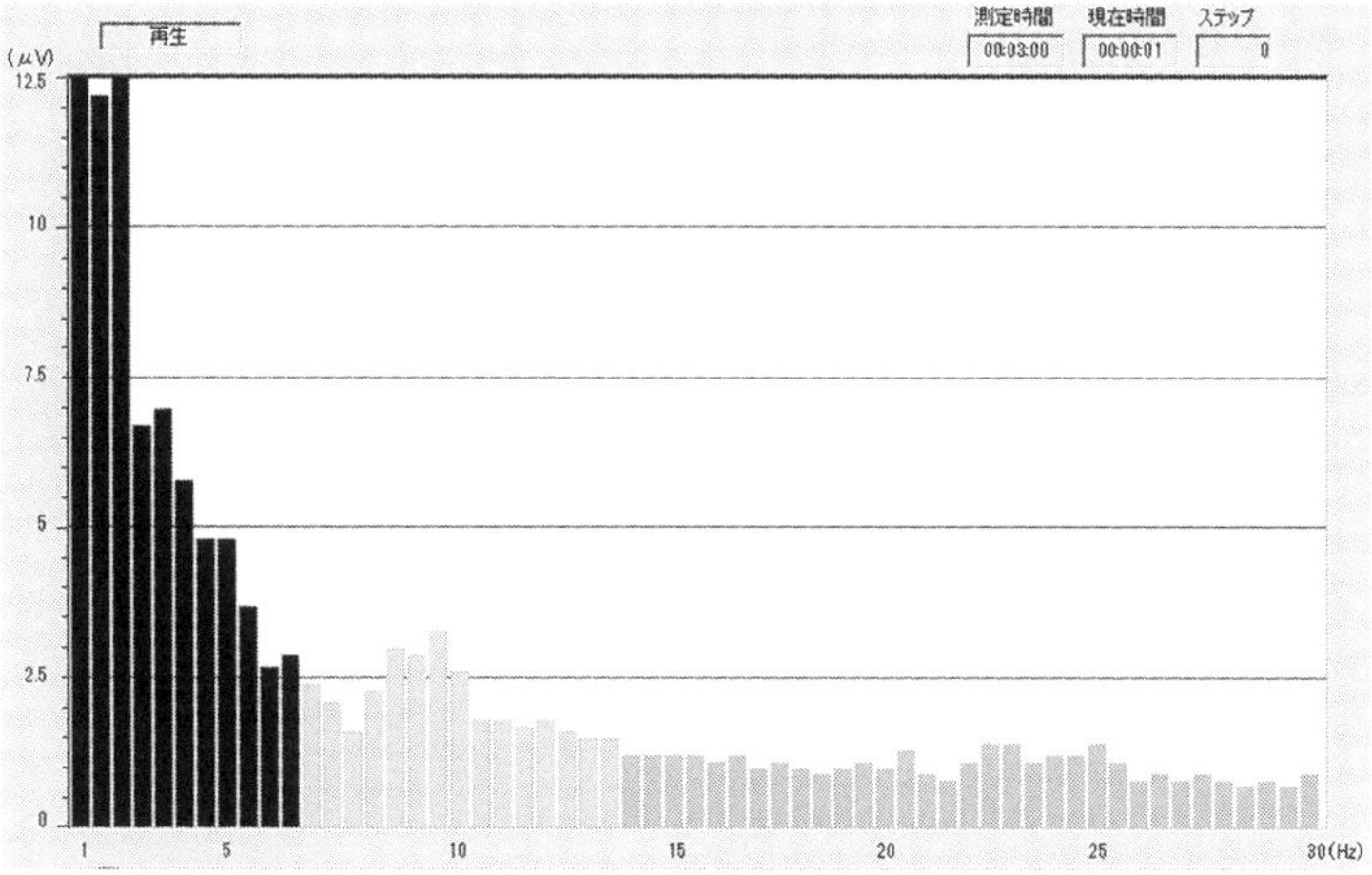

合気モードに入った際の脳波のスペクトラム分析結果。7Hz 以下の低周波数帯域のレベル（黒色）が、先の図Xの二倍以上に上がっているのがわかる。

図Z

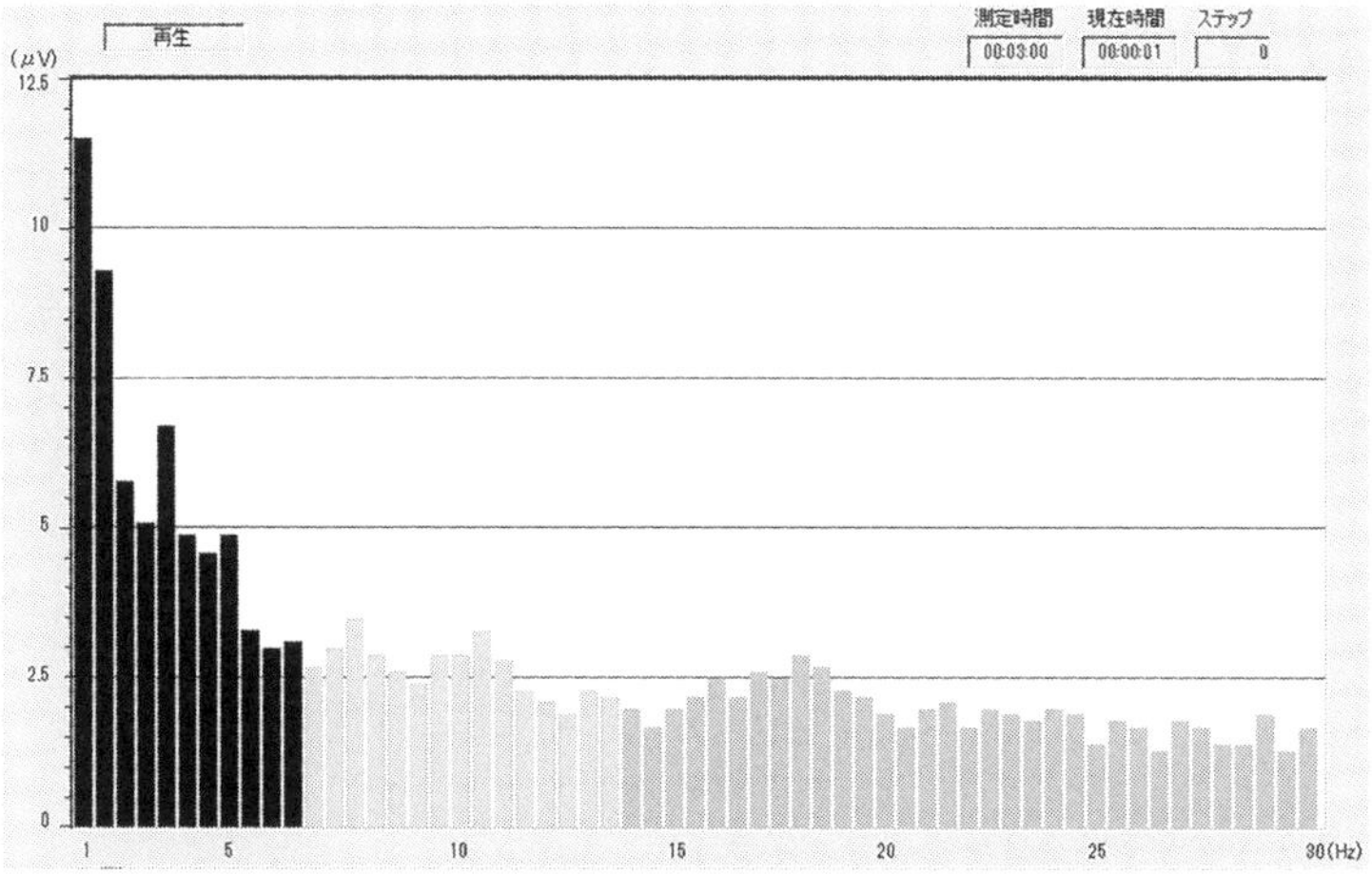

触れているほうが合気モードに入った際の、触れられているほうの脳波のスペクトラム分析結果。合気モードに入った途端、低周波帯域のレベルが図Yと同じく二倍以上に上がっている。

ただし電圧レベルの増加は2倍程度でしかなく、デシベル単位（桁違い）で上がるものと予想していた私の期待は外れました。私の低周波の脳波発生能力が低くて、この程度の増加なのかもしれません。いずれ、もっと強い合気モードを実現できる先生にお願いして脳波の再測定をしてみたいと思います。

ちなみに今回使用した脳波測定機「FM—939ブレインプロ」では、2・5〜4Hzをデルタ波、4〜8Hzをシータ波、8〜13Hzをアルファ波、13〜30Hzをベータ波としています。

増幅装置で追加実験する

橋本先生のご紹介で、東洋医学にもとづく精神神経免疫学研究の第一人者である医学博士の亀井勉先生が考案された、大脳の低周波であるアルファ波とシータ波を増幅できる装置を試すことができました。これは、使用者が発生させているアルファ波とシータ波をほぼリアルタイムで同調反応により強く出せることによって、精神的にリラックスした状態に誘導させて健康そのものを改善するという目的で、亀井先生が開発された装置です。

最初に基準となるリラックス状態の脳波を測定します。測定は亀井先生に行っていただきました。

脳波増幅装置を使用した追加実験

最初に基準となるリラックス状態の脳波を測定。測定は亀井先生（右）が行った。

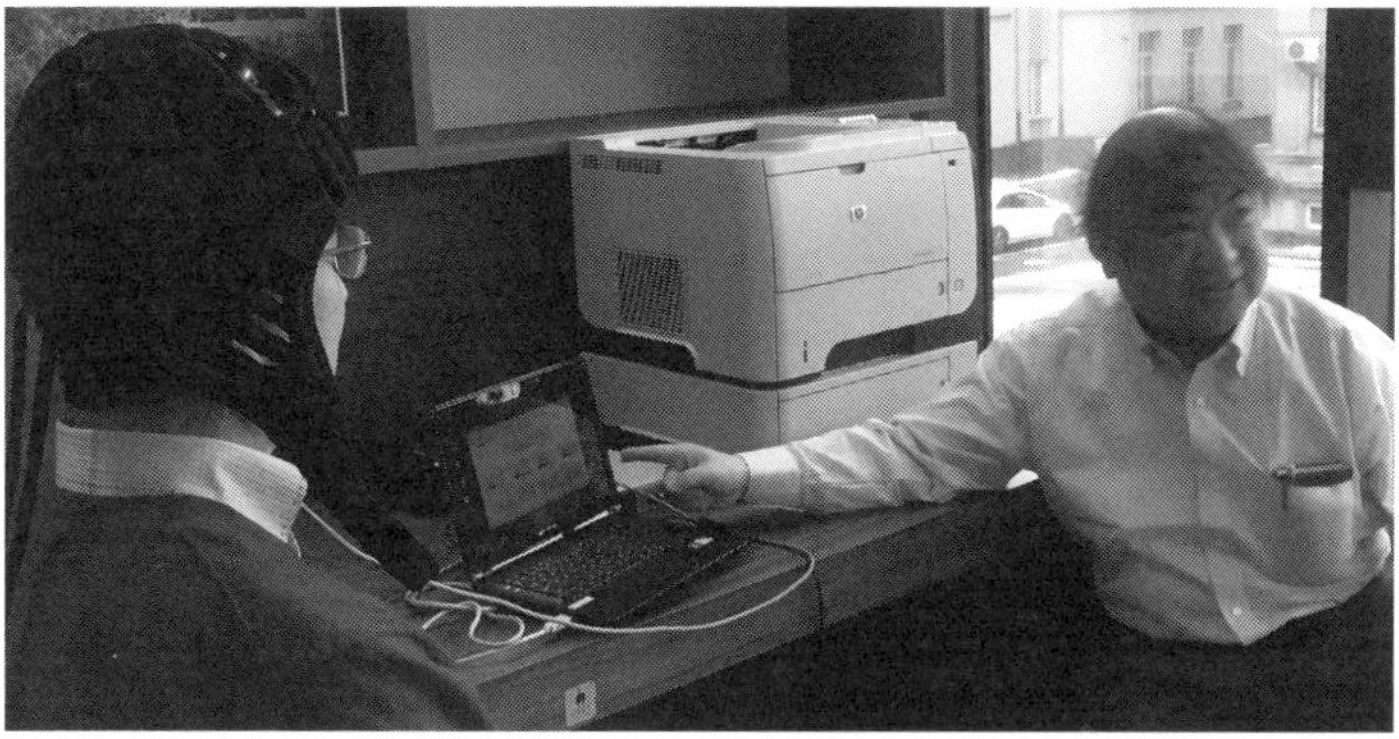

次にヘッドギア状の低周波増幅装置を頭に装着し、その効果を確かめながら脳波測定する。

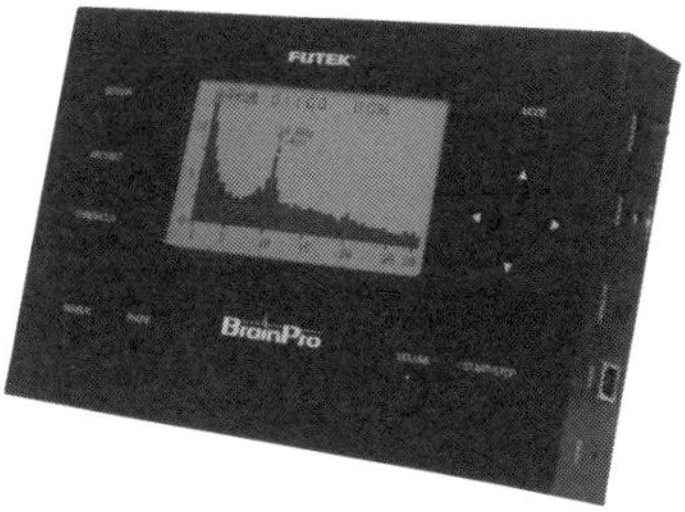

今回の各種実験で使用した脳波測定機FM-939 ブレインプロ（フューテック・エレクトロニクス株式会社製）。

詳細は表示できないが、測定の結果、7 Hzの脳波の振幅が他の周波数のレベルに比べて、20倍近く増していいるのがわかった。

次にヘッドギア状の低周波増幅装置を頭に装着して、その効果を確かめながら脳波測定を継続しました。

開発中の装置なので残念ながら結果の詳細は明示できませんが、7Hzの脳波の振幅が他の周波数のレベルに比べて、グラフから振り切れるほどに激増している（20倍近くと推定される）のがわかり、この増幅装置の効果が確かめられました。

なお亀井先生のご説明によれば、初回からこのレベルで増幅効果が見られるのは稀で、今までには、常日頃からヨーガなどで瞑想状態に入る訓練をしている人だけに見られていた、ある意味、特殊な現象とのことです。通常の人では、使用を重ねるごとに増幅効果が徐々に現れてくることが多いというご説明でした。

私の場合は常に低周波の脳波を出す、つまり合気モードに入る訓練をしているので、いきなり初回からはっきりした増幅効果が現れたのだと考えます。ちなみに同行した私の妻も同じ実験をさせていただきましたが、低周波数帯域での脳波の増幅効果は全く起こらずに、ご説明の通りとなりました。

この装置を定期的に使うことによって、大脳が発しているアルファ波とシータ波をリアルタイムで無理なく強くすることが可能になるということですが、そうすると合気モードに入れる能力を鍛えることができるということになります。

従来、達人と称されてきた先生方が何年あるいは何十年もかけて会得した合気モードが、この装置を使うことで誰でも簡単にできるようになる、そんな夢のようなことが実現する予感を強く感じました。

動画による合気モードの実践

（1）相手の背後から合気モードへ入って相手の両肩をこちらの両手で触れて崩します。
（2）次に相手の前から近づいていき、動きの中で合気モードへ入ってから両肩に軽く触れて崩します。

今回の合気モードを脳波測定して解明しようという試みですが、保江先生がすでに御著書『脳と刀』（海鳴社）で実験結果を公表されています。私はあいにく不勉強なために、そのことを知らずに今回が初めての試みとばかり一人合点しておりました。自らの不明を恥じるとともにお詫びし、読者の皆様にはぜひこちらのご本も読んでいただけることを切に願っております。

AIKI NEXT STAGE

体験者の声

橋本政和

生理学博士
和道会空手六段（四端塾主宰）

私は長年、脳波を指標としてビジネスパーソンやアスリートにメンタル・コントロールを指導してきました。また空手道はもとより、自律訓練法、瞑想、読経等々を通して、シータ～ミッドアルファ波コントロールの重要性を確認してきました。そうした経験の中、武道を含め「道」とは結局は意識の解放に至る修行ではないかと考えていました。意識集中とは周りが見えない、実は危機回避できない状態を作っています。しかしそれが脳を基盤とした知性・理性として、今を生きる術であることは確かです。その脳の活動の根底にあるのは狭小な知性・理性ではなく、時空間に拡大解放された、知性・理性を包含した「本性」とでも呼ぶべきものである気がしてしかたありません。

今回の「合気モード」時における脳波の検証は、ベータ波領域の力みの入った知性・理性では本質としての技にならず、高域シータ波～低域アルファ波での力みの抜けた本性からの技に武道を含めた「道」の本質があることの、一つの証明だと思います。意識を制御する武道の技の稽古とは、危機回避して生き残るための道筋の修行なのですね。

素晴らしい実証の場に同席させていただけたことに、改めて感謝致します。

第八講

最高峰の原理「合気モード」③

合気モード対談実現！

倉部　橋本先生は空手六段、全日本空手道連盟和道會千秋会常任理事、四端塾塾長をされていて武道家としてご立派なキャリアをお持ちですが、驚かされることに東京経済大学に在学中から自律訓練法、生体エネルギー、潜在意識などを研究し、その成果に基づいて、メンタル・ビルドアップ・コーチングを実践研究して生理学博士号を取得され、ＮＰＯ法人日本健康事業促進協会理事長として代替医療物質の研究・開発を続けてこられました。さらには真言宗僧侶（僧名：橋本観眞《かんしん》）でもあるという、常人では考えられないような幅広い分野で、それも大変深く活動されています。

今回は脳波の研究も専門とされている橋本先生のご協力を得て〝合気モードが脳波をコントロールして実現できる〟ということを実証する目的で脳波測定実験を行いました。ご協力いただき、本当にありがとうございました。

橋本　こちらこそ、貴重な実験に参加させていただき、ありがとうございました。

倉部　今回の脳波測定を行うにあたり、瞑想状態に入って脳の活動を鈍らせると確実に合気モードに入れるので、脳波を測定すれば結果として現れることは間違いないと思っていました。実験を始めましたところ、予想よりはるかに明確なかたちでシータ波モード（低めの周波数帯域のアルファ波も含んでいますが）と合気モードの関連が得られたので、自分でも驚いています。

Hotel Hampton by Hilton Warsaw Polandにて、対談を行う橋本政和先生（右）と著者。空手家であると同時に脳波研究者でもあるという橋本先生は、大変稀有な存在といえる。

Hashimoto Masakazu

1953年3月生まれ。静岡県出身。NPO法人 日本健康事業促進協会理事長。一般社団法人 健康促進・未病改善医学会顧問。メンタル・ビルドアップ・カウンセラー。2001～2005年、上海 復旦大学医学院 中華薬物研究室 客員研究員 として、複数種特殊混合ミネラルPROUSION（プラウシオン）®を学術研究。2005～2010年、「代替医療物質プラウシオンの医療工学的総合研究」として総合科学的研究プロジェクトを行う。全日本空手道連盟 和道會 教士 六段位／全日本空手道連盟 和道會 千秋会 常任理事。日本空手道宗家協会 允許 七段位。世界伝統空手道連盟（松涛館 西山派）顧問。生理学博士（米国学位授与機構）。真言宗僧侶（僧名：橋本観眞）。四端塾主宰。

橋本　そうですね。ただ昨今、シータ波レベルやガンマ波レベルの話を聞くことが多いのですが、デルタ波を含め低いHzのシータ波や高いHzのガンマ波は、脳波計が筋電位の反応や電流の乱れをノイズ（アーチファクト）として測定している場合がほとんどなのです。

私は1990年代初頭から、メンタルもフィジカルにおけるボディ・ビルドアップと同じく、メンタル・ビルドアップするものだとして研究してきました。当時、潜在脳やアルファ脳波について先端的な研究をなさっておられた脳力開発研究所の志賀一雅先生らとαサイエンス協会を作って、様々に勉強させていただきました。そこから企業やプロ・アスリートに対して、脳波測定を指標としてアルファ波コントロールを指導してきました。

その頃の研究で、アルファ波は一括りに8～13Hzとするのではなく、意識の反応としてみた場合に、8～9Hzをスローアルファ波、9～12Hzをミッドアルファ波、12～13Hzをファーストアルファ波に分類するべきだとしました。

スローアルファ波は入眠寸前の意識が混濁しているような状態です。ミッドアルファ波が、よく皆さんが思っておられる、いわゆるアルファ波ですね。顕在意識が停止して、潜在意識の扉が開いてゆきます。周囲の状況が全て意識せずに認知できます。インスピレーション、それまでにない発想の転換、緊張を伴わない意識集中、あるいは禅定三昧《ぜんじょうざんまい》や深い瞑想状態の脳波です。

呼吸法や筋弛緩法を行うと優勢になりますからマインドフルネスで反応するのもミッドアルファ波ですし、脳疲労やストレスが軽減されるのも、この周波数帯です。心拍も安定し、副交感神経が賦活《ふかつ》します。末梢血液循環が改善されて血圧も安定しますし、免疫力が向上します。なおファーストアルファ波は、肩の力が抜けながらも一点に集中している時に出ます。

こうした分類をしながら他の脳波を見ると、13Hz以上はベータ波ですが、その中でも低い周波数帯のベータ波は脳が覚醒して、交感神経にスイッチが入って様々に脳が反応している状態です。気になることがあったり、ストレスが掛かると電位が高くなり、次第に高域に移行します。高域のベータ波になるほどイライラや集中力の欠如を起こしていきますし、血糖値や血圧の上昇、免疫力の低下が起こります。

また、高い周波数帯のシータ波は言うならば超意識でしょうか。潜在意識や無意識を超えています。低域のシータ波は睡眠状態ですが、外部からの刺激に反応してすぐに覚醒状態に移行できます。

相手の脳波を同調させる

橋本　ちょっと抹香臭《まっこう》いかもしれませんが、ミッドアルファ波は般若心経で言うところの「色即是《しきそくぜ》空《くう》 空即是色《くうそくぜしき》」、シータ波は「無眼耳鼻舌身意《むげんにびぜっしんに》」ですね。

ちなみに今回使用した脳波測定機「ＦＭ―９３９ブレインプロ」では、２・５～４Hzをデルタ波、

4～8Hzをシータ波、8～13Hzをアルファ波、13～30Hzをベータ波としています。その測定域において平均的に低域周波数帯で10μVを超えて発生している場合は、ノイズと判断すべきです。大体、0・5～6Hzあたりにノイズが見られます。

倉部　私も若い頃は写経をしていたので、般若心経でのたとえはとてもわかりやすいと思います。脳波では2Hz以下の低い周波数帯域で大きな差異が出ましたが、これは脳波ではなく、脳波よりもはるかに強い電位でシータ波同等の低い周波数帯域で発生する筋電流（筋肉を動かす信号である電流）を測定で拾ったか、あるいはノイズが入った可能性が大きいということですね。そうすると合気モードは4Hz以上のシータ波とスローアルファ波が強くなる状態であるということですね。

橋本　今回の実験で倉部宗師は3回ほど合気モードに入られましたが、現象として特に興味深かったのは、合気モードに入ったその1～2秒後に、倉部宗師に肩を触れられていた田中真さんの脳波が反応を見せたことです（合気モードの伝搬実験）。

この反応については、お二人の発生平均電位に差がありますので、倉部宗師は2・5μV以上、田中さんは3μV以上の発生電位で比較しました。周波数帯は6～9Hzです。倉部宗師は田中さんの後ろから掌を肩に触れているだけで、合気モードに入る時に触れていない側の手の人差し指を上げて私に合図をしたわけですが、見えていない田中さんは、一体どこでどのように感知したのか……ですね。話がずれるかもしれませんが、ご容赦いただいてちょっと解説させてください。

生命体の始まり物語なのですが、受精卵が細胞分裂する過程で、外胚葉が神経系、感覚器、表皮になります。つまり、脳と眼や耳と表皮は同じ外胚葉から作られていくのですね。誤解を恐れずに言ってしまうと、脳と表皮は同じものだということです。

資生堂リサーチセンターの主幹研究員である傳田《でんだ》光洋《みつひろ》博士は、様々な研究から「表皮は電気システム」であって、「細胞は極低周波の電波を発信している」ことを確認されています。そこから「皮膚は第三の脳である」とおっしゃっています。そして「興奮（交感神経）」や「抑制（副交感神経）」といった情動（感情）で、ホルモン分泌に変化が起きると同時に皮膚電位が変化します。

また細胞には筋紡錘という、いわば危機管理のセンサーがあります。体に触れた物質が自分にとって敵なのか味方なのか、危険なのかどうかを確認するセンサーです。ここに強い圧力が加われば、センサーはその対象を敵だと判断して脳に緊張するように指示します。逆に敵対しない圧力であれば、脳にリラックスしてよいという情報を送ります。

つまり、捕手が低域Hzの脳波をコントロールして接している圧力を低減できれば、受手の筋電位や皮膚電位が低下して、脳波も同調して低域Hzに移行することは考えられます。

倉部　捕手が低周波の脳波を強く出した状態（合気モード）で受手にごく軽く接触すると、受手の脳も捕手の脳波に同調して同じ合気モードに入るのでは、ということですね。ただ強い合気モードとなった場合には、相手と接していなくとも相手を崩すということができますが、そのときは相手の脳波を同調させるもっと強い現象が起きていることが考えられますね

橋本　先ほど申し上げたように、捕手が脳波をコントロールして緊張を除去できれば、受手の筋電

位や皮膚電位が低下して、脳波も弛緩モードに入ります。ですから、自身でコントロールできない骨格筋力の低下、つまり脱力が起こりうると思います。骨格筋が反応しえない微妙な皮膚のズレや、筋膜の収縮も起こっているかもしれません。

また低域Hzの中で高域のシータ波が発生していれば、シューマン共振として理解できます。シューマン共振というのは地球の共振周波数のことです。地球は北極と南極を持つ巨大な磁石ですから電磁場として振動していますし、雷の放電や太陽風による電離層の震動もあります。それは７・８３Hzとされます（ロシアの観測所の発表では現在は８・５Hzに上がったそうですが……）。

この周波数は高域のシータ波（8・5Hzだとしたら低域のアルファ波）と対応します。これは我々生命体が常に被曝している周波数となるわけです。別の言い方をすれば、一番安定もしくは安心できる周波数です。

となれば、この周波数帯に自分の脳波をコントロールもしくは同調、共振できれば、相手も同調、共振しやすくなるのではないでしょうか。極端かもしれませんが、人間というＰＣと、地球というホストコンピュータが接続したような状態ですね。そして自分ＰＣが他者ＰＣと情報交換を始める感じですかね。気配を感じる、殺気を感じるとか、技の出を察知して先を取るのも、共振による情報交換かもしれません。

ちなみに水晶（Ｑｕａｒｔｚ）の周波数は32・７６８Hzです。シューマン共振を倍音にすると、この周波数の近似値になります。古代からの磐座《いわくら》とされる場所や、天河大辮財天社《てんかわだいべんざいてんしゃ》の本殿の下が水

中段突きを合気モードで崩す

受手が左中段順突きで攻撃してくる（①）。これに対し、捕手が脳波を合気モードに切り替えた状態で、突いてきた受手の左腕へ、右手を軽く内側から添えて外側に払うようにすると（②）、受手は腰砕け状態となって崩れる（③）。捕手はほとんど動作らしい動作はしていないが、受手は完全に倒されてしまう（④）。

晶山だというのも、禅を組んだり瞑想したりと、脳の共振に最適な場なのでしょうね。

誰もが達人になれる日がくる

倉部　私たちが生活している地球が、数Hzという共振周波数を持っているというのは非常に斬新で興味深いです。私は元々振動解析技術者でしたから、共振周波数で揺すぶられると構造物が自分で勝手に振動して倒れたり崩壊してしまうのは当然だと理解できます。

おそらく人間の体も質量と剛性からそのような周波数帯域で共振周波数を持っていると考えられ、ある人が自分の脳波でその周波数レベルを上げると地球がそれに共鳴してその脳波レベルを増幅し、その増幅された周波数で他の人が揺すぶられ、共振して倒されてしまう――そういう理屈となるのでしょうか。もしそうだとすれば、しばしばＹｏｕＴｕｂｅなどで見られる〝相手に近づいただけで倒してしまう合気術〟も可能であることが理論的に裏付けられますね。

橋本　そうですね。宮本武蔵の言うところの「観《かん》の目つよく、見《けん》の目よわく」や「移らかす」「枕をおさえる」も、要は自他を含めて脳の反応をコントロールすることですから、低域アルファ波や高域シータ波のコントロールになるでしょう。逆に、驚、懼《く》、疑、惑の四戒《しかい》はベータ波ですね。

となれば自分の脳をコントロールすることで、他者の脳の反応をコントロールできれば技は掛かりますね。同調させる技もあるでしょうし、変調させる技もあると思います。

例えば、自分と相手の脳の反応時間をずらせば相手は対応できません。人の平均的な反応時間は0・25秒とされるようですから、0・2秒の技は反応できないわけですし、0・3秒の技は脳が混乱して反応を止めてしまうでしょう。視覚や皮膚、筋膜の「反射」を全て脳の反応なのだと考えれば、達人・名人と呼ばれた先達の言葉もわかります。技が使えるかどうかはともかくとして、技の妙ですね。

倉部　脳波というテーマはもっと掘り下げて研究する価値のあるものだということが、今回の橋本先生のご協力を得て行った脳波測定でよくわかりました。この事象の解明が進み、並行して低い周波数の脳波を自由に出す訓練を容易にするための、操作のシンプルな測定機が入手可能となれば、〝触らずに相手を崩す魔法のような合気術〟が誰でも簡単に実現できる日がくるような予感が致します。その研究を武道家にして脳波研究者でもある橋本先生にやっていただけると、日本だけでなく世界の武道界への大きな貢献ができると思います。

今回の実験へのご協力、どうもありがとうございました。また実験に臨んで脳波測定機を貸与していただきました、フューテック・エレクトロニクス株式会社様にも心からお礼を申し上げます。

著者の韓国人の友人が経営するワルシャワ旧市街のレストラン“菊”にて。左から二人目に亀井勉先生（精神神経免疫学研究の第一人者である医学博士）、二人おいて橋本先生とその奥様、著者の妻と著者。

第九講

皮膚を介して掛ける
「皮膚合気」

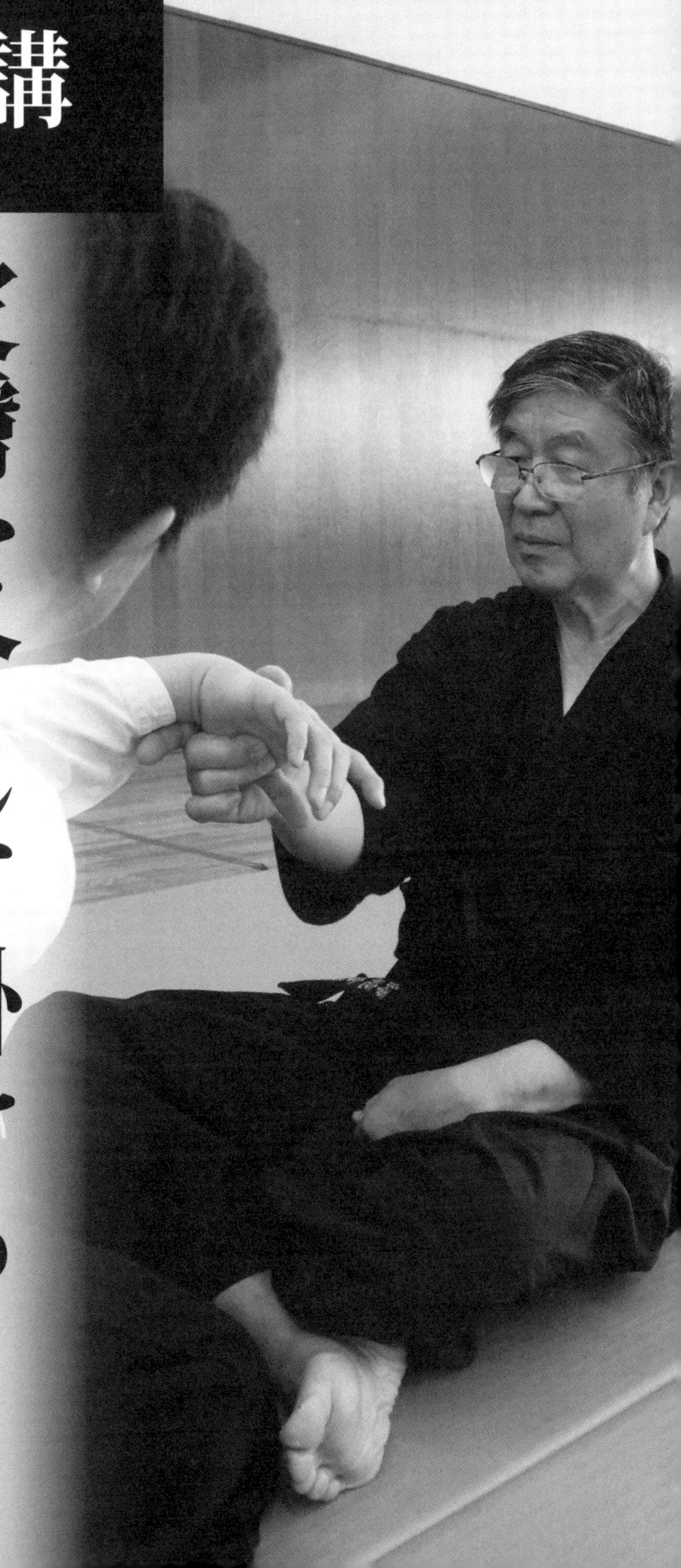

合気を実現する原理「合気接触」

本講のテーマは皮膚を介して掛ける合気、〝皮膚合気〟となります。これは前講で、脳波研究者の橋本政和先生と対談させていただいた際に「人間の脳と皮膚は生命誕生の細胞分裂時に同じ細胞から生成され、皮膚は体中に張り巡らされたセンサーとして機能し、皮膚は第二の脳とも呼ばれる」という趣旨のお話、さらに「脳が現象を判断してそれへの対応を筋肉に指令し、筋肉が反応するのには約0・2〜0・3秒かかる」というお話を伺い、それをヒントにして考えた合気の原理となります。

橋本先生に上記の2点を伺って疑問に感じたことがありました。「脳が危険だと認識して筋肉を動かすのに0・3秒かかるのであれば、いきなり腕を掴まれて引っ張られたら人は抵抗できないのではないか」ということです。しかし、いきなり腕を引っ張られた人は即座に引っ張られないように抵抗します。

そのことと皮膚は第二の脳と見なされるということから、「皮膚が何か刺激を与えられたら、その刺激を脳に伝えて脳が判断して反応を起こすのではなく、皮膚自体が危険だと判断して脳を経由せずに即座に体中の筋肉に危険信号を送るのではないか」、そのように考えてみました。そしてその考えに基づいて、以下に紹介する二つの合気技が可能となるのではと思いつき、実際に試したところ、まさしくその通りとなりました。

（1）「危険信号を発しないような皮膚への接触のしかたをすれば相手は油断して隙が生じ、脳が危険と判断するまでの0・3秒間の空白を利用すれば、技が掛かるのではないか」。これは当初から提唱してる〝合気接触法〟の原理と通じるものがあり、これを次の（2）と区別するために〝ソフトタッチの皮膚合気〟と称することにします。

（2）逆に皮膚に〝想定外〟の刺激を与えて錯乱状態に陥れ、危険信号を発生できないような状態とすれば、相手に隙が生じて技が掛かる。同様にこれを〝ハードタッチの皮膚合気〟と称することにします。

「合気接触」はこちらの手で相手の体に触るか触らないというくらいに極めて軽く接触すると、相手はこちらの手を自分の体の一部であると錯覚するというもので、その状態でこちらの手をその錯覚状態を保持したまま慎重に動かすと、相手は自分の体が勝手に動いたように感じて、抵抗する気が起こらずに一緒に動いて崩れてしまいます。

それでは最初にソフトタッチの皮膚合気をやってみましょう。最初はごく普通に相手の小手をぎゅっと強く握りしめると同時に、それをこちらへ引こうとします。相手は小手を強く握られると

ソフトタッチの皮膚合気

相手の小手を強く握り、そのまま引き寄せようとするが（①）、普通だと抵抗されて引き寄せることができない（②）。

皮膚から発せられた危険信号が全身へ直接伝わり、即座に体全体で身構えますから、こちらが引き寄せようとしても全く動きません。

次に、相手の小手を至極デリケートにそぉ〜っと包むようにして軽く掴みます。そうしたら間髪を入れずに、掴んだ手と指に余計な力を入れないようにしてこちらの腕を引くと、相手の皮膚からは危険信号が発生されませんから体全体で瞬時に身構えるモードとはなりません。その状態で引っ張られると、脳が引っ張られたと判断してそれへ抵抗するようにと筋肉への指令を出すのに0・3秒かかりますから、時遅くすでに引っ張られてしまった後になります。

今度は相手の小手にごく軽く触り（③）、そのまま引き寄せると相手は抵抗できずに崩されてしまう（④～⑥）。これが「ソフトタッチの皮膚合気」の原理である。

これは相手が次に何か起きるかわかっている状況でも、同じ結果となることで証明されます。つまり自分の腕を軽く触れられて次には引っ張られるとわかってはいても、実際に引っ張られると抵抗できないのです。別の言い方をすれば、この状態でいきなり引っ張られると、「来たな、では抵抗しよう」と脳が判断する時間の分だけ反応が遅れてしまい、崩されてしまうのです。そしてこのことが皮膚からの信号を脳が判断しているのではなく、皮膚のほうで危険かどうかの判断をして信号を身体全体へと送っているという根拠となり、まさに皮膚が第二の脳であるといわれるゆえんともなります。

ハードタッチの皮膚合気

5年くらい前に畑村洋数先生が主宰されている氣空術東京道場での稽古にお招きいただいた際に見せていただいた合気技、こちらの小手と相手の小手の皮膚同士を擦り合わせて合気を掛けるという技の原理がこのハードタッチの皮膚合気だと考えます。あるいは畑村先生は違うことをお考えかもしれませんが、その場合はどうかご容赦ください。

畑村先生にその技を教えていただいて以来、どうしてそうすると合気が掛かるのかずっと考えあ

ハードタッチの皮膚合気

1

2

3

4

5

決して強めではなく、腕の周囲を掴むような感じでこちらの掌を満遍なく相手の腕の皮膚に合わせて、接触している相手の皮膚の遊びを取るようなつもりで素早くこちらの掌を相手の腕に沿って動かし、パルス的な刺激をその部分の皮膚の面上に（狭い点ではなく）与える（①）。そして、それと同時にこちらの腕を引き寄せると相手は抵抗できずに引き寄せられて崩される（②〜⑤）。これが「ハードタッチの皮膚合気」の原理である。

ぐんでいました。しかし〝皮膚が体全体に直結したセンサーの役割をする〟ということを橋本先生に教えていただいたおかげで、その原理にようやく自分でも気が付いた次第です。今回やっと自分なりに原理を解明できた気が致しますので、その原理に基づいてこれからたくさんの応用技を考え出せると思います。

ハードタッチの皮膚合気では、相手の皮膚が錯乱するような特別な刺激を与えなければいけません。そのような刺激とは、日常生活で普通に体験する熱い、冷たい、重い（強い圧力がかかる状態）、痛い（小さな面積に力が集中してかかる状態）、皮膚の上を何かが滑る状態、そんな状態以外の特別な刺激となります。

今回与えた刺激は掌大の領域の皮膚を瞬時に直線状に引っ張ることで与えた、面内で生ずるパルス状の刺激です。実生活上では起こり得ない外力の加わり方はこれ以外にもあるはずです。それを見つけながら、今後この技を発展させていく所存です。

ソフトタッチの皮膚合気の応用

これは従来から提唱してきた原理、合気接触法、平衡微調整法とも通じます。

ソフトタッチの皮膚合気の応用

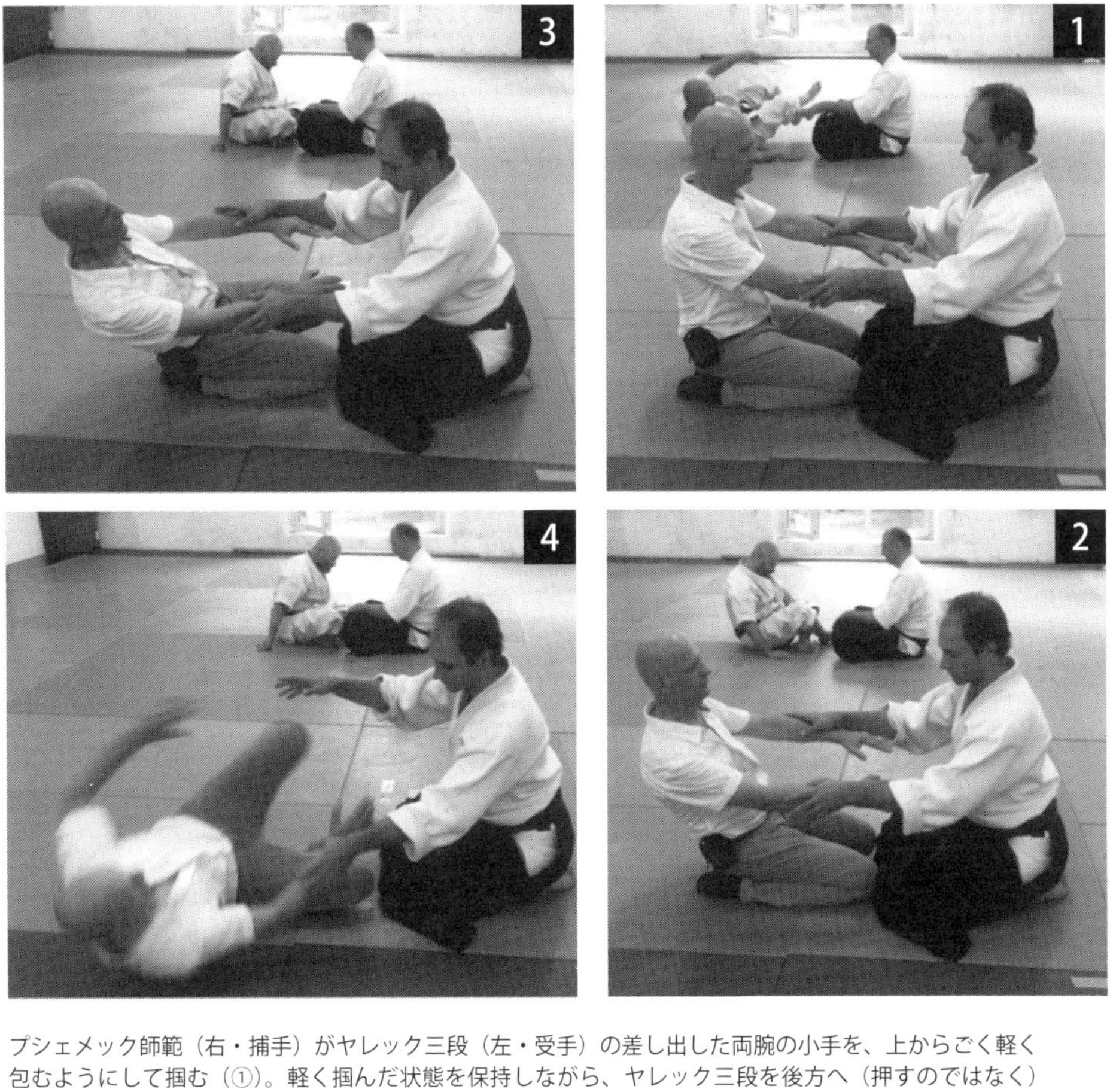

プシェメック師範（右・捕手）がヤレック三段（左・受手）の差し出した両腕の小手を、上からごく軽く包むようにして掴む（①）。軽く掴んだ状態を保持しながら、ヤレック三段を後方へ（押すのではなく）導いてゆく（②）。後ろへ崩れたヤレック三段を、今度はその右側面へと誘導して完全に倒す（③④）。

捕手と受手を交代。今度はヤレック三段がプシェメック師範の差し出した両腕の小手を上からごく軽く包むようにして掴み(⑤)、軽く掴んだ状態を保持しながらプシェメック師範をその左側面に誘導して倒す(⑥～⑧)

筋電流を用いた合気術

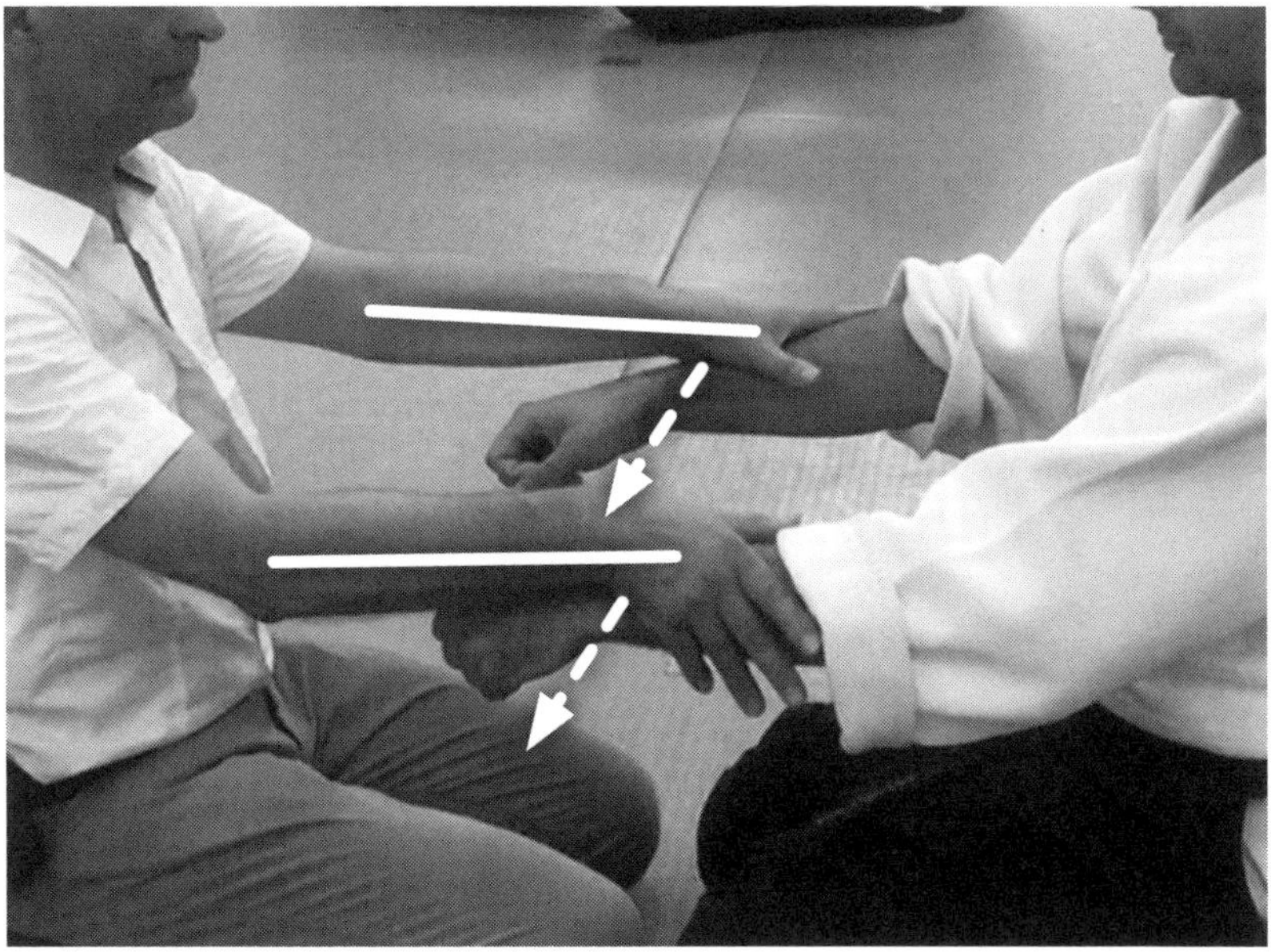

実際に手や腕を動かさず、意識の上だけで動かすことで筋電流を蓄え、それが手と腕を介して相手に伝わり、相手は自分から崩れていく。

先に行った私のワルシャワでのワークショップに、250キロ離れたビドゴシチからわざわざ駆けつけて参加してくれたヤレック三段ですが、終了時間の17時をなぜか開始時間と勘違いし、終了時間20分前に会場に到着しました。道着に着替える時間も惜しんで早速練習に参加して、この技に挑戦したところすぐにできるようになりました。はるばる250キロの道程を越えて参加した貴重な20分間の練習でしたが、「その価値は十分にあった」と本人は納得していました。

実は今回のこの応用技は、皮膚合気ともう一つ〝筋電流〟の原理を組み合わせて用いています。単に皮膚

AIKI NEXT STAGE

体験者の声 プシェミスアフ・アントチャック“プシェメック”

合気柔術逆手道師範六段位・ポーランド支部長
合気道三段(遠藤征四郎師範に師事)

私の武道歴は学生時代に合気道を習い始めたことから始まり、その数年後には倉部宗師に出会って逆手道を習い始め、10年が経過しました。

逆手道、特に合気の技を習い始めてから2、3年が過ぎて合気の術理を理解しはじめた私は、一つのターニングポイントを迎えました。それまでの稽古方法を一新して、体の動きと心の在り方を調和させる稽古を始めました。最初はとても難しかったのですが、だんだんと力を使わずに相手をコントロール、つまり崩したり投げたりできるようになってきました。

逆手道を習ったおかげで、今では心と体を調和させる大切さがわかるようになりました。その結果、私は自分の合気道への取り組み方そのものも変えましたが、それは自分が真に武道家として向上するために重要なことであったと確信しています。

合気だけですと、こちらの手を動かして、それに相手の腕が付いてくるわけですから、掛けるほうの腕もそれなりに大きく動かさなければなりません。ところが119～120頁の写真でもおわかりのように、受手をその側面に崩す際には捕手の腕はあまり動かしてはいないままで、受手が側面に大きく崩されています。この秘密が〝筋電流〟を用いた合気術にあります。この筋電流を用いた合気術については第十一講にて解説します。

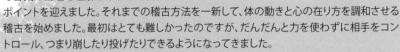

第十講

体全体を固めて極める逆手技

正しい逆手の握り方

本講でご紹介する技は、手首を攻めて相手を極めたり投げたりする普通の逆手技ではなく、ごくわずかの手首の回転だけで相手の手首、肘、そして肩の関節を一瞬で極めて投げたり、床に叩きつけたりする究極の逆手技です。

小手返しはどの柔術流派にもある典型的な逆手技ですが、柔術の技らしく力ではない微妙な動かし方で相手の手首を完全に極められないか、そういうことを試行錯誤しているうちにこの方法を発見しました。傍からは見えないくらいの、手首のごくわずかな動きだけで相手を簡単かつ瞬時に投げられるので、一見すると合気術のように見えます。しかし、微妙な手首の物理的な動かし方さえわかれば誰でもすぐにコピーができ、意識して筋肉を作動させて相手の知覚を撹乱するものではありませんから合気術ではありません。

ですから今回のテーマは「腕全体を固めて極める、合気術のように見える柔術の逆手技」となります。

本題に入る前に逆手技を行う際の正しい手の取り方、握り方について解説したいと思います。逆手技、例えば小手返しを行う際に、握った自分の手の指あるいは手全体にできる限りの力を入れて、握った相手の手を返そうとしているのをYouTubeなどでよく見かけます。片手の力だけでは足りなくて、両手を使って小手返しを行っているのもよく見かけますが、そもそも逆手技は手に大した力を入れなくともできるものでなければいけません。ですからちょうどいい機会ですので、ここではまず正しい逆手の取り方についてご説明します。

逆手を取る際の基本
逆手技は母指球で掛ける

逆手を取る場合に、相手の手を力任せに捻るだけの力技となることを避けるために守らなければならない重要なことは以下の3点です。

（1）こちらの掌を、握る対象となる相手の手の甲にぴったりと隙間なく、全体的に均等な圧力でくっつける。

（2）小指、薬指、そして中指の三本の指には決して力を入れずに、相手の手の端に引っ掛けるようなつもりで相手の手を軽く握る。人差し指はまっすぐに、外しても構わないくらいにして、

正しい逆手の握り方

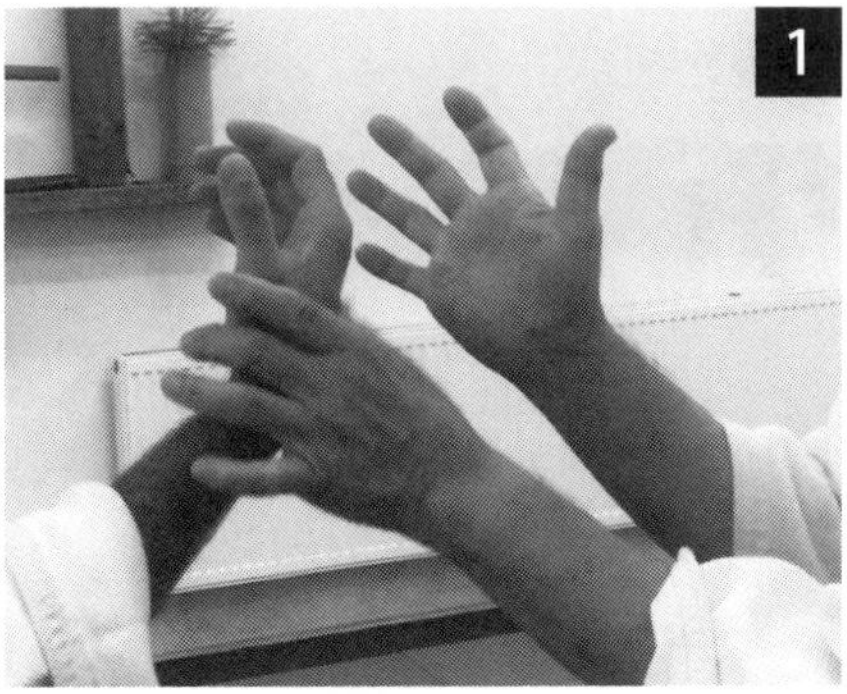

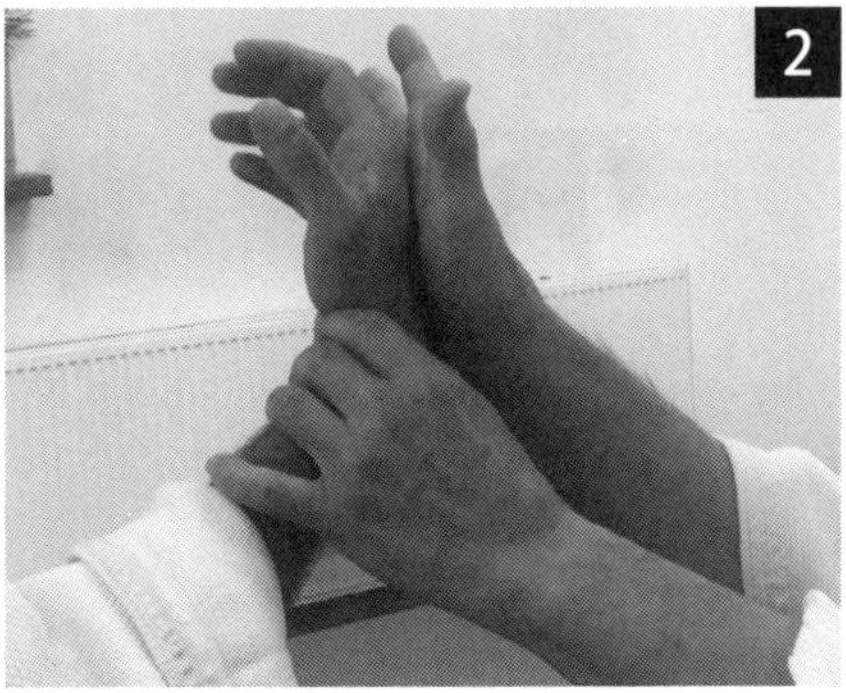

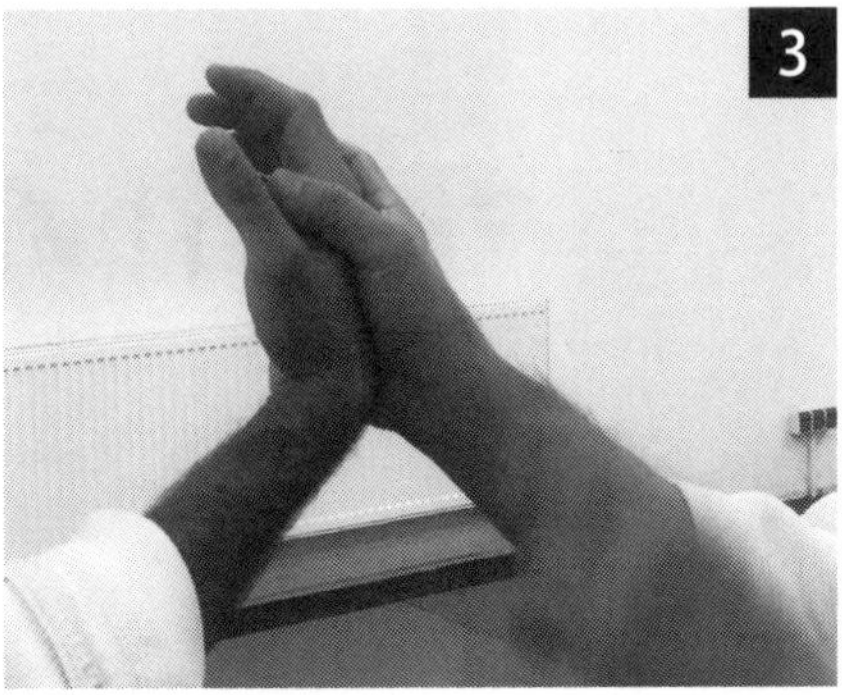

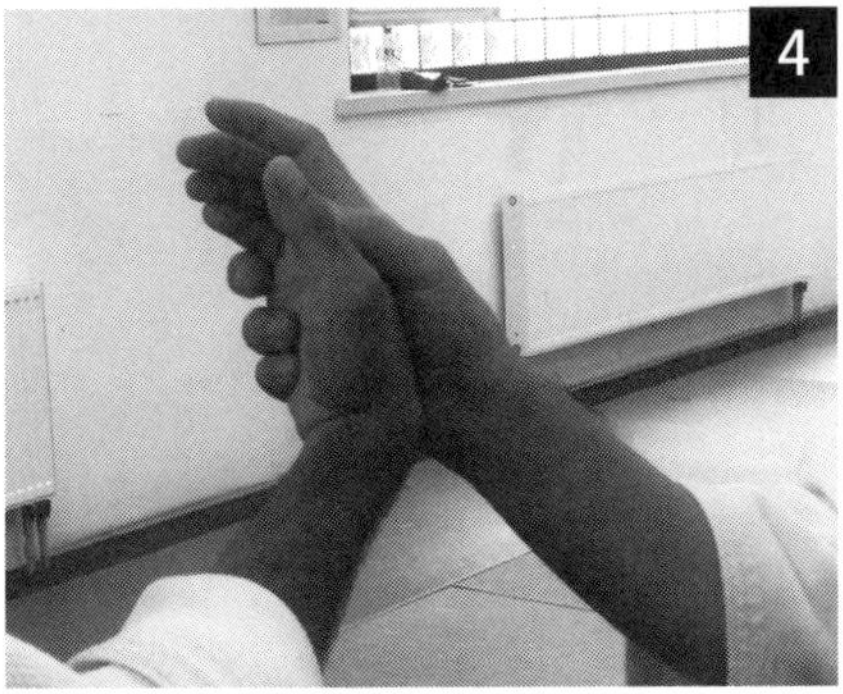

まず自分の掌と相手の手の甲を隙間のないようにぴったりと密着させる（①〜③）。次に親指と中指、薬指、そして小指を相手の手に軽く掛ける（④）。指ではなく母指球（親指のつけ根）に圧を掛けるようにして、掌で相手の手の甲を返してゆく。そうすると、大した力も入れずに相手の手を軽々と返すことができる。

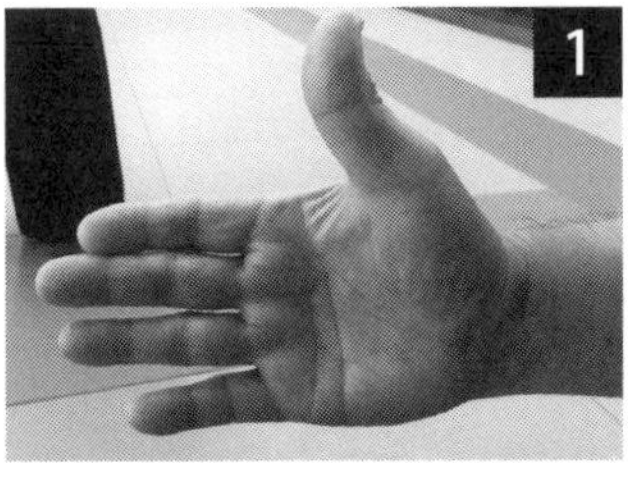

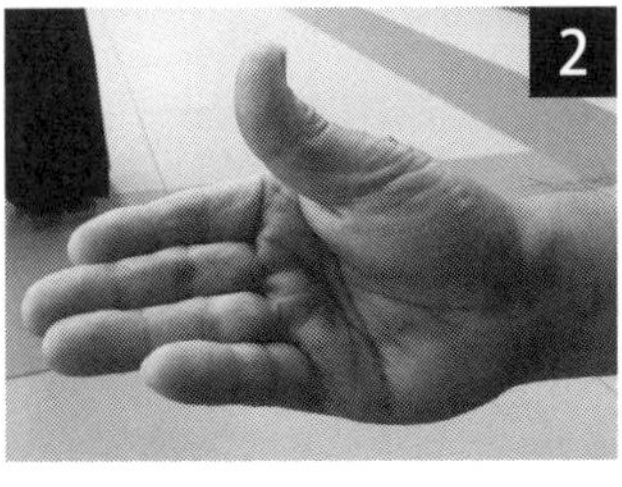

不要な力を使わない逆手技は母指球を使うので、親指を動かす運動をして母指球を鍛える必要がある。

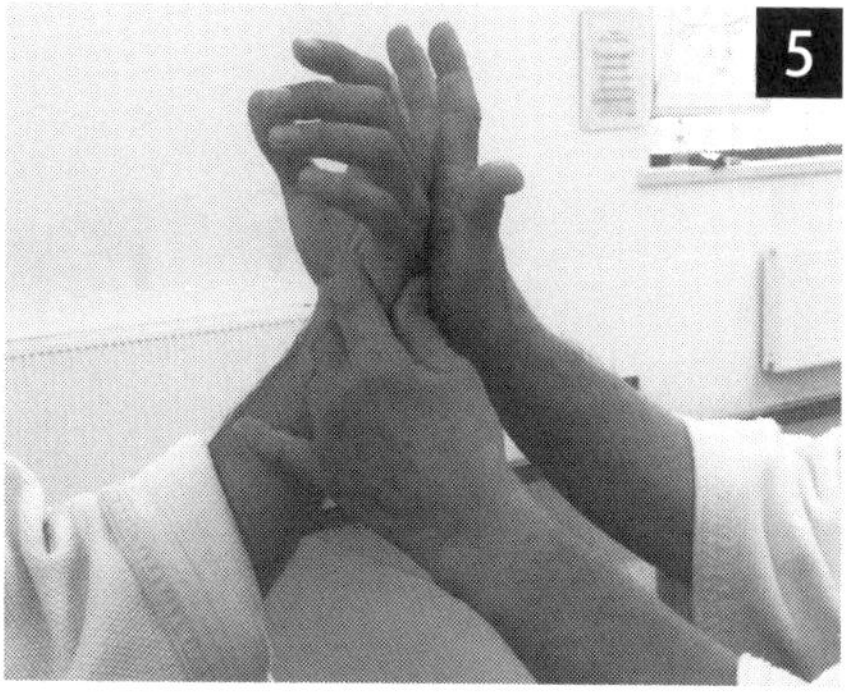

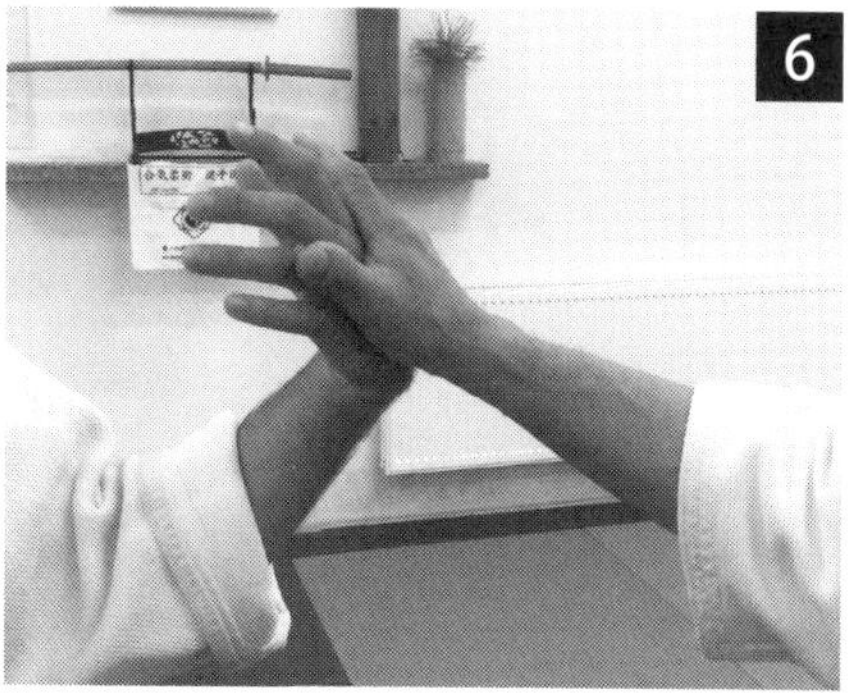

⑤〜⑦は反対側の手を握った場面。相手の手と自分の手の間に隙間ができていないことを左手の親指を間に差し込もうとして確認している（⑤）。ここでは親指をひっかけてすらいないが、母指球で押しながら手を回すことで難なく相手の手を返している（⑥）。大した力を入れることなく、あっけないくらいに相手は崩れて倒れる（⑦）。

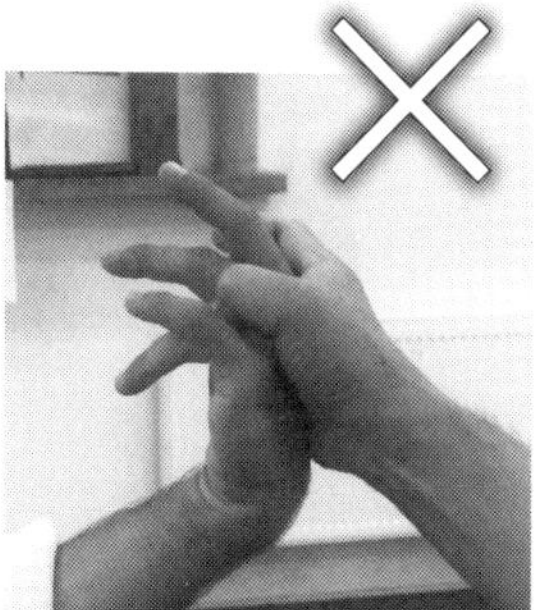

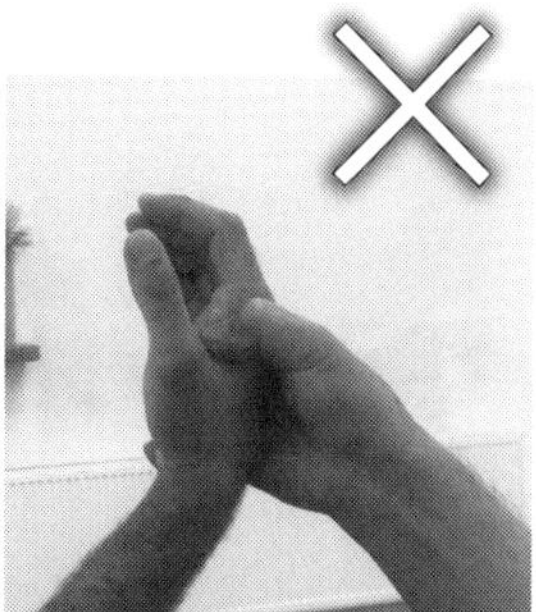

駄目な握り方の例。自分の掌と相手の手の甲の間に隙間を作ったり（右）、親指や他の指で相手の手を強く握り締めてはいけない（左）。特に人差し指に力を入れるのは厳禁で、そうしないために人差し指は（軽く伸ばしたままにして）逃がしておく。

握るという動作から除外する。人差し指に力を掛けると手全体が硬直するので、人差し指にはどんなことがあっても決して力を入れてはいけない。また、親指も相手の手に添えるだけで指先に力を入れて握り込んではいけない。

（3）相手の手を捻り返す際には、こちらの掌と相手の手の甲が密着した状態を保ち、指には決して力を入れないで、自分の手の母指球で相手の手の甲を押し込むようにして、相手の手を返していく。

以上のことに注意して相手の逆手を取ると、あたかも相手の手と腕が自分の手と腕と一体化したようになり、こちらの手を動かすと相手の手がぴったりと付いてくるので、指や手に力を入れなくとも相手の手を楽々と捻る（返す）ことができ、本当に嘘のような軽い力で相手を投げられるようになります。

これが柔術本来の逆手の取り方です。指や手に力を込めて相手の手を捻ったり返したりする、力任せの逆手技とは全く次元の違うものです。

腕全体を極めた逆手技で投げる

では本題の、わずかな動きで相手の腕全体を極める逆手技の解説に入ります。

写真だけではわかりづらいので、ぜひ関連動画を見ていただきたいのですが、通常の小手返しでは、極めた手を下まで下ろさない場合は手首への極めが完全ではないので、相手の手をそれ以上は捻れないほどこちらの手で捻ってから、さらにその捻る力を増すためにもう一方の手を手刀のようにして相手の手を切るがごとく力で返します。その返す力を増すために、手刀で切る動作を速めたりもしています。

極めた手首を下まで下げれば極めが完全となるので、もう一本の手の指一本でも相手を軽く投げられ、力で相手の手を返す必要はなくなります。

さて腕全体を固める逆手技の場合ですが、相手の手をそれ以上は捻れないほどこちらの手で捻るまでは同じです。違うのはそれ以降の捻る方向で、こちらの手を手首中心に回転させる軸から15度ほどずらした別の軸上で手首をほんのわずかに回します。その方向への回転をほんのわずか加えただけで、相手の腕は手首、肘、そして肩までが硬直して固まってしまいます。

そのまま回転方向をずらした捻りを加えるだけで、相手は抵抗ができずに体全体が軽々と持ち上

腕全体を極める逆手技「小手返し投げ」

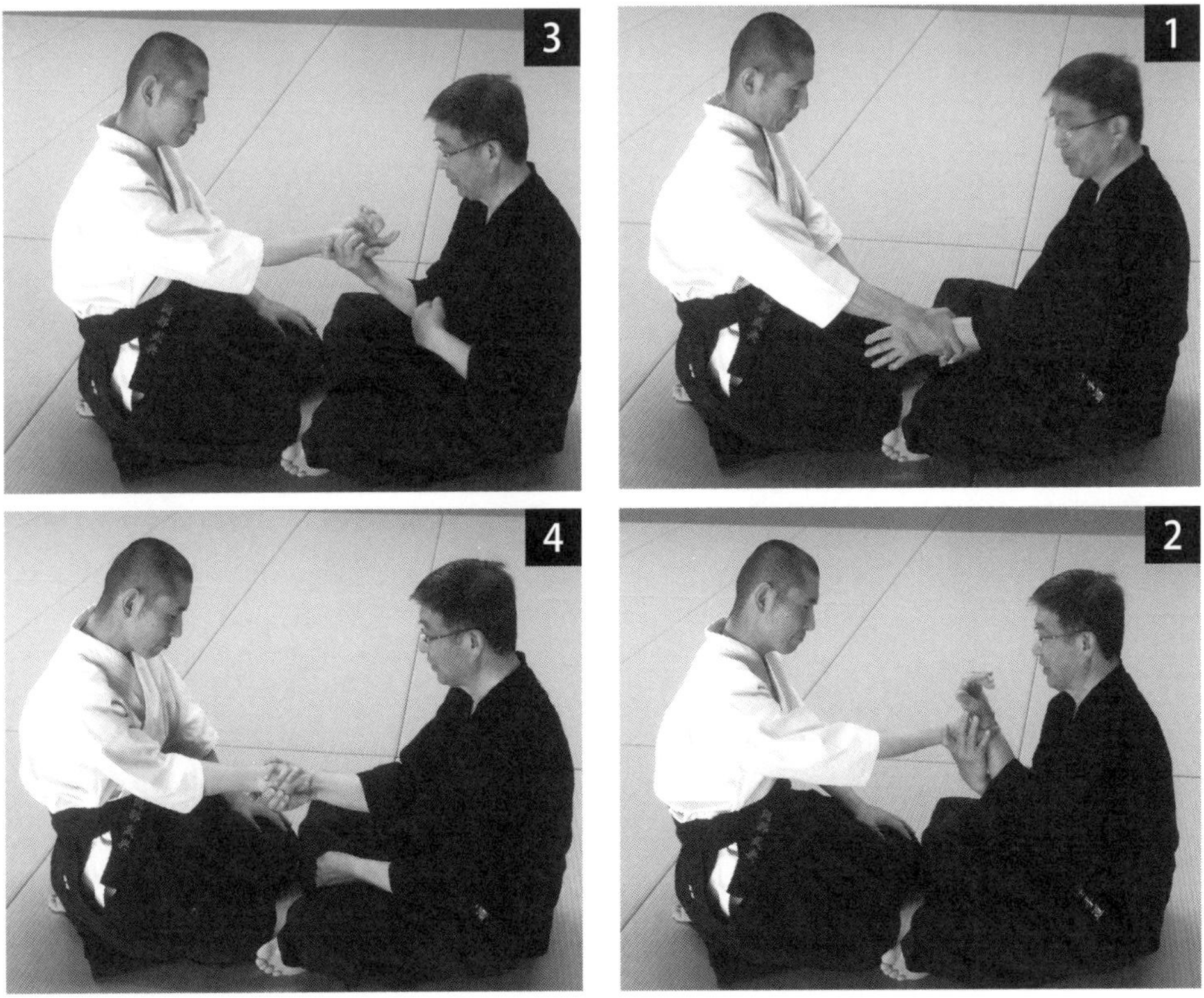

受け（左）は右手で捕り（右）の左手首を掴む（①）。捕りは左手を手鏡小手返しで内から外へ返す（②）。返した受けの右手を捕りは右手で下から逆に掴み返す（③）。掴み返した受けの右手を内から外へ、右腕の軸回りに捻る（④）。

げられて投げられてしまうのです。やっている自分でも信じられないくらいの小さな力とわずかの回転運動に、相手の体が過敏に反応してストンと投げられます。

逆手道のオホーツク支部で行ったワークショップでこの技を解説したところ、最後に方向（面）をずらして手をわずかに回転させる動作について、支部長が「昔のテレビでチャンネルを変えるときにロータリースイッチを回転させる、あの動きと同じですね」とコメントしてくれましたが、まさにその通りです。

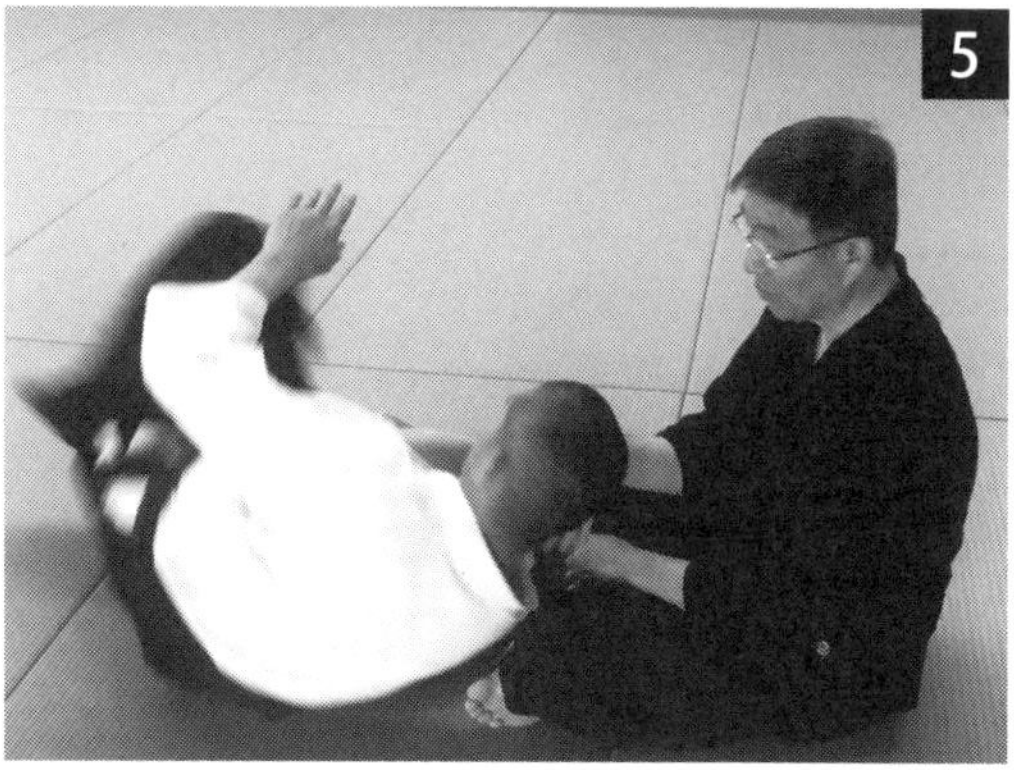

体中の力を振り絞るのではなく、ごく普通に腕と手の力だけで捻り、それ以上は捻れない限界点まで捻ったら、右腕の軸から 15 度ほどずらした軸上で反時計回りに、つまり左斜め手前方向に手首を中心として手をわずかに回転させる。このわずかな動きで受けは、手首、肘、肩の関節が一瞬で固められてしまい、力を要しない捕りのごく小さな手の動きで体ごと回転させられて投げられてしまう（⑤⑥）。

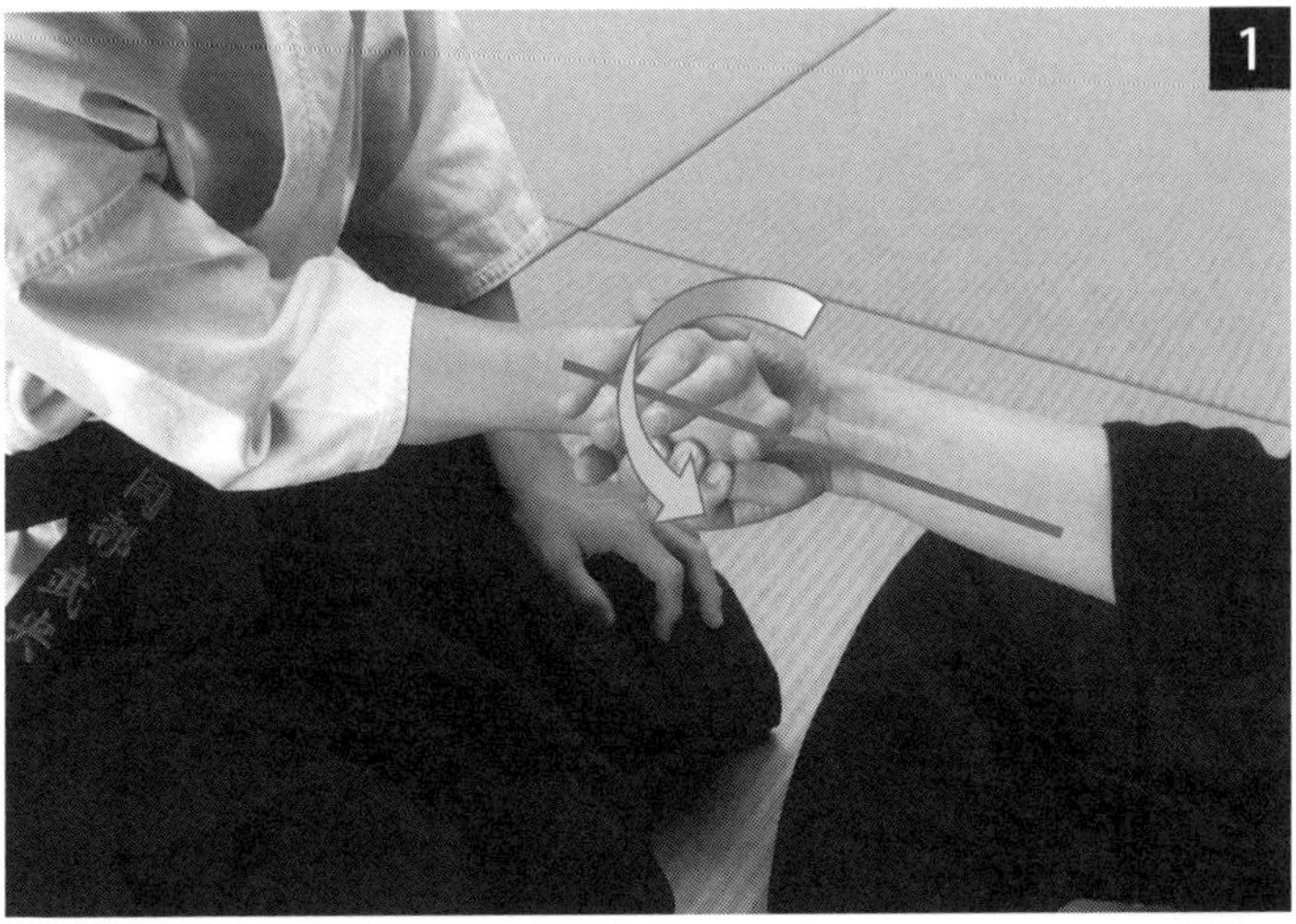

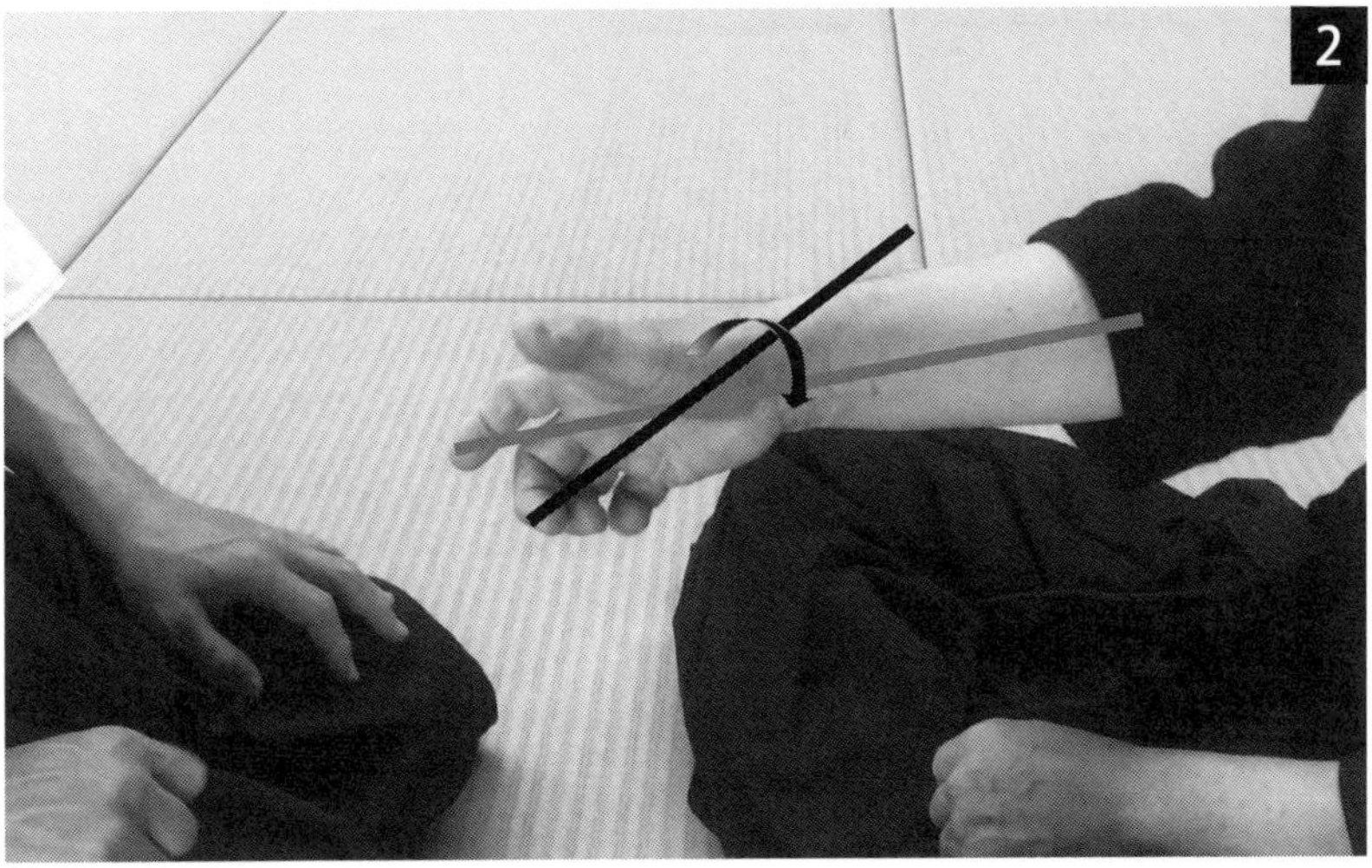

手を捻る際の拡大図。相手の右手を真横外側に限界まで捻り（①)、次に右腕の軸から 15 度ほどずらした別の軸上で、手首中心に手を左斜め手前側に回転させる（②)。写真②は説明のために相手の右手を離しているが、このわずかな動きで相手の右腕の手首、肘、肩関節が一瞬で固まる。

小手攻めへの応用

この腕全体を固める逆手技は手鏡小手返しだけでなく、他の逆手技にも使えます。例えば、相手の小手を上から下に返して極める小手攻めに使ってみましょう（次頁写真）。通常、この小手攻めの技は相手の手首を返して（捻って）攻めるので、その捻りに結構な力が必要となります。流派によっては、十分な力を得るために両手を使って返す技にしているところもあります。

小手返し投げ（立技）

立ったままで投げる際には、握ったままだと相手の関節を痛めてしまうので、安全のためにすぐに手を離すこと。

小手攻めへの応用

受けは右手で捕りの左手首を掴む（①）。捕りは左手を大きく外から内へと回転させて（②）、手首が真上にきたら右手で受けの右手を掴み返す（③）。掴み返した受けの右手を、捕りから受けのほうへ捻る（④）。これ以上は捻れない限界点まで捻り、捻った軸から 15 度ほど時計回りにずらした軸上で、手をわずかに回転させる。このわずかな動きで受けは手首、肘、肩の関節が一瞬で固められてしまう（⑤）。

このように、捕りの力を要しない、ごく小さな手の回転運動で体ごと床に叩き伏せられてしまいます。もし腕関節全てに加わる鋭い痛みに無理に耐えたら、腕の関節が全て砕かれてしまう、そんな恐怖を与える技となります。

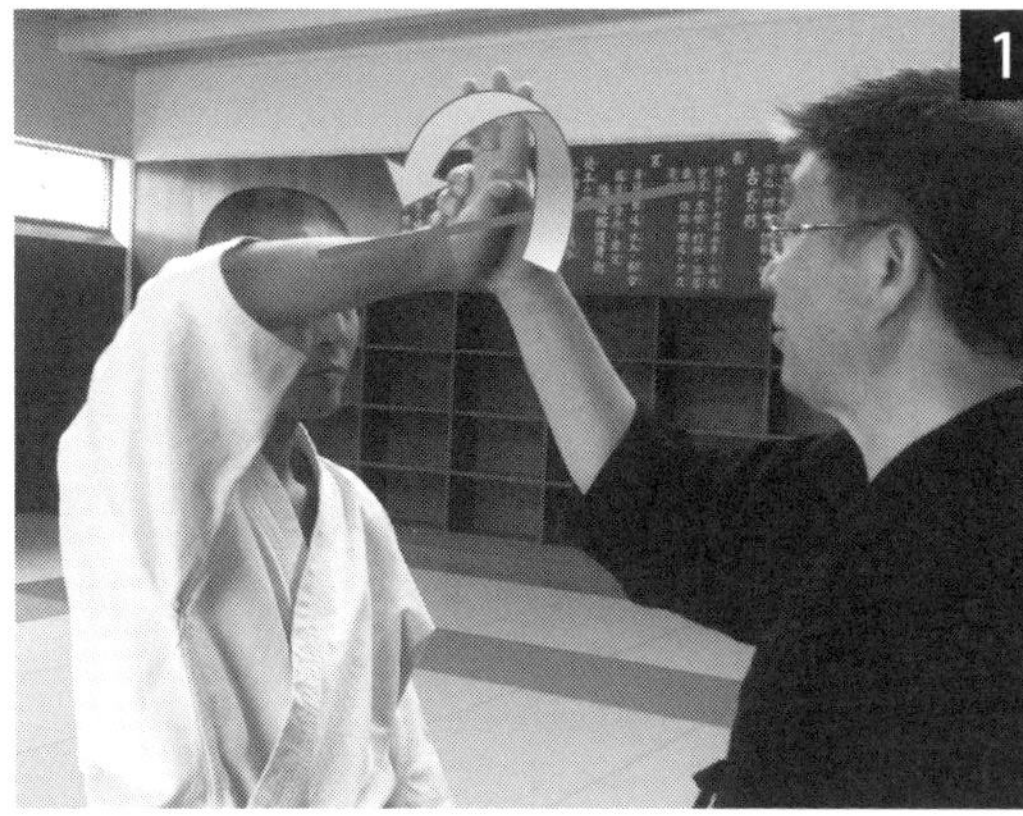

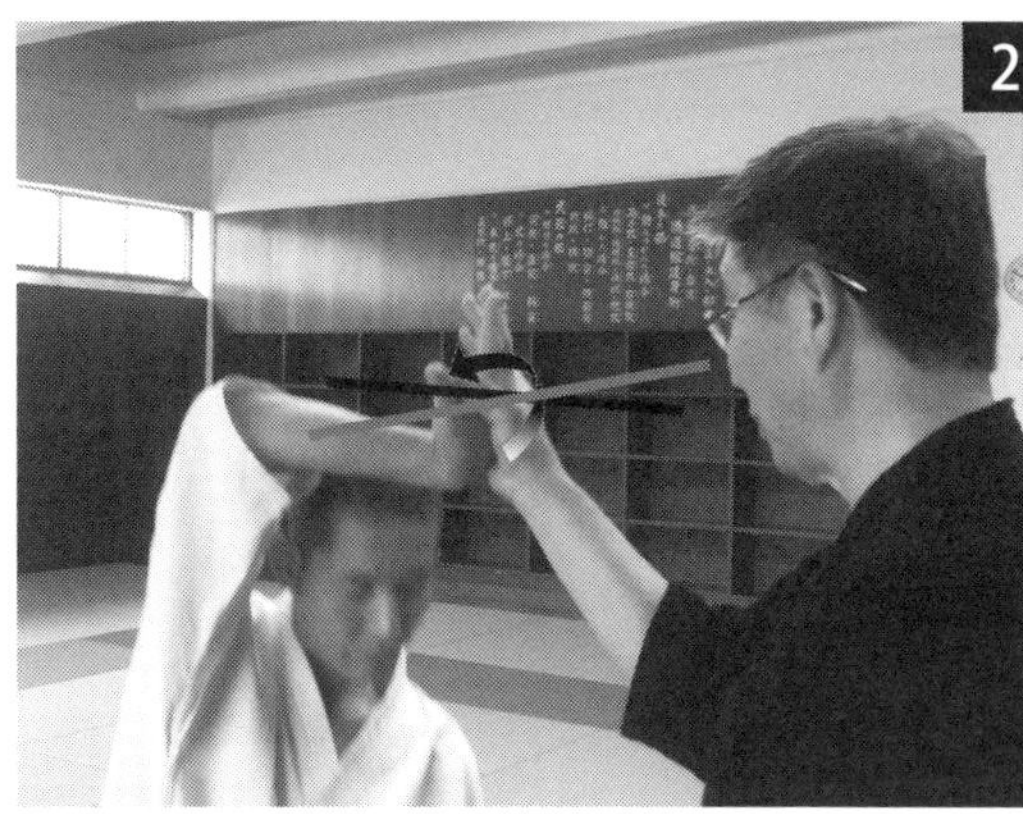

手を捻る際の拡大図。相手の体に対して垂直方向に握った手を捻り、限界まで手を返す（①）。捻った軸から 15 度ほど時計回りにずらした別の軸上で、手首を中心にわずかに回転させる。そうすると一瞬で相手の右腕が固まってしまう（②）。

第十一講

筋電流によって実現する合気術の原理

ロボットスーツからの発見

すでに第九講でご紹介した〝筋電流によって実現する合気術の原理〟を、本講では詳しくご説明致します。この筋電流を用いる方法というのは数ある合気術の原理の中でも、合気モードと並んでその頂上に君臨する技法と言えるのではないでしょうか。

合気モードが自身の脳波を低い周波数が強く出るモード、つまり半居眠り状態にして相手をそれと同じ状態へと誘い込んで無力化するのに対し、筋電流を使う原理は自分の筋肉を動かすために脳が発生させる微細電流を使って相手の筋肉を制御しようとする、より積極的な方法と言えます。

今の私はそのどちらも初心者あるいは入門者レベルにすぎず、特に筋電流に関してはようやく手掛かりを掴みかけた程度にすぎません。しかし、一人であれこれと試行錯誤しながら時間を費やすよりは、一緒に探求する仲間を増やせばできるようになる人がそれだけ増えるのではと考え、まだ自分でも満足にできる段階ではないのですが、あえてその方法についてわかっている範囲で発表させていただきます。

なおこの筋電流による方法は、大分類では皮膚接触により起こるものなので、皮膚合気の一つとみなします。

そもそも、私がこの筋電流という現象を初めて意識したのは10年位前に観たテレビ番組で、ロボットスーツを着たタレントの木村拓哉さんがそれを動かす原理を教わっている内容のものでした。腕を動かすと、その際に腕に流れる筋電流を腕に貼り付けたセンサーが感知して、その場所に相当するスーツの機械を動かすという説明を受け、ひとしきりスーツを動かしてから、木村さんは彼らしい実験をしました。「このスーツは実際に腕を動かさなくても、動かそうと意識しただけで反応して動き出しますね」と彼は言い、それを2、3回やって見せたのです。

この彼の一言は私の記憶に鮮烈に焼き付き、合気術がソコソコできるようになってようやく〝筋電流を用いた合気術〟の発見に結びつきました。

さて、その筋電流による合気ですが、例えば〝肩落とし〟の技を例にとれば、波動法などの他の合気術との違いは相手の両肩に置いた自分の両手を実際には動かさずに、意識だけで下ろそうとすることです。

腕を下ろそうとして実際に筋肉を動かしてしまえば、脳から神経系を通じて伝えられた筋電流は筋肉を動かすのに使われて、自分の体の中で消費されてしまいます。ところが筋肉を動かさないように保ちながら、手と腕を下ろす指令を脳が出し続ける、つまり筋電流を流し続けるとそれは自分の腕と手に蓄えられて次第に強くなり、しまいにはこちらの手を介して相手の肩、そして体全体へと伝えられて相手の筋肉へ働きかけ、相手の体は自らの意思に反して徐々に沈んでいきます。

これが〝筋電流によって実現する合気術〟の原理となり、相手の感受性にもよりますが、慣れて

合気肩崩し

後ろ向きに立っている相手の背後から、その両肩に両手を載せる（①）。相手の肩にかかるのは自分の手と腕の自重だけで、それ以外の力をかけないように。その状態で両腕を使って相手の両肩を押し下げようとする意識を働かせる。ただし、手や腕の筋肉を実際には動かさないように、気持ちを集中させることが重要。その状態を保つと、相手はこちらの両腕がだんだんと重くなってくるのを感じて背中が反り始め、最後には背後に倒れてしまう（②〜④）。手には一切力は加えていないが、相手の肩が次第に沈んでいき、ついには体を支えきれなくなる。

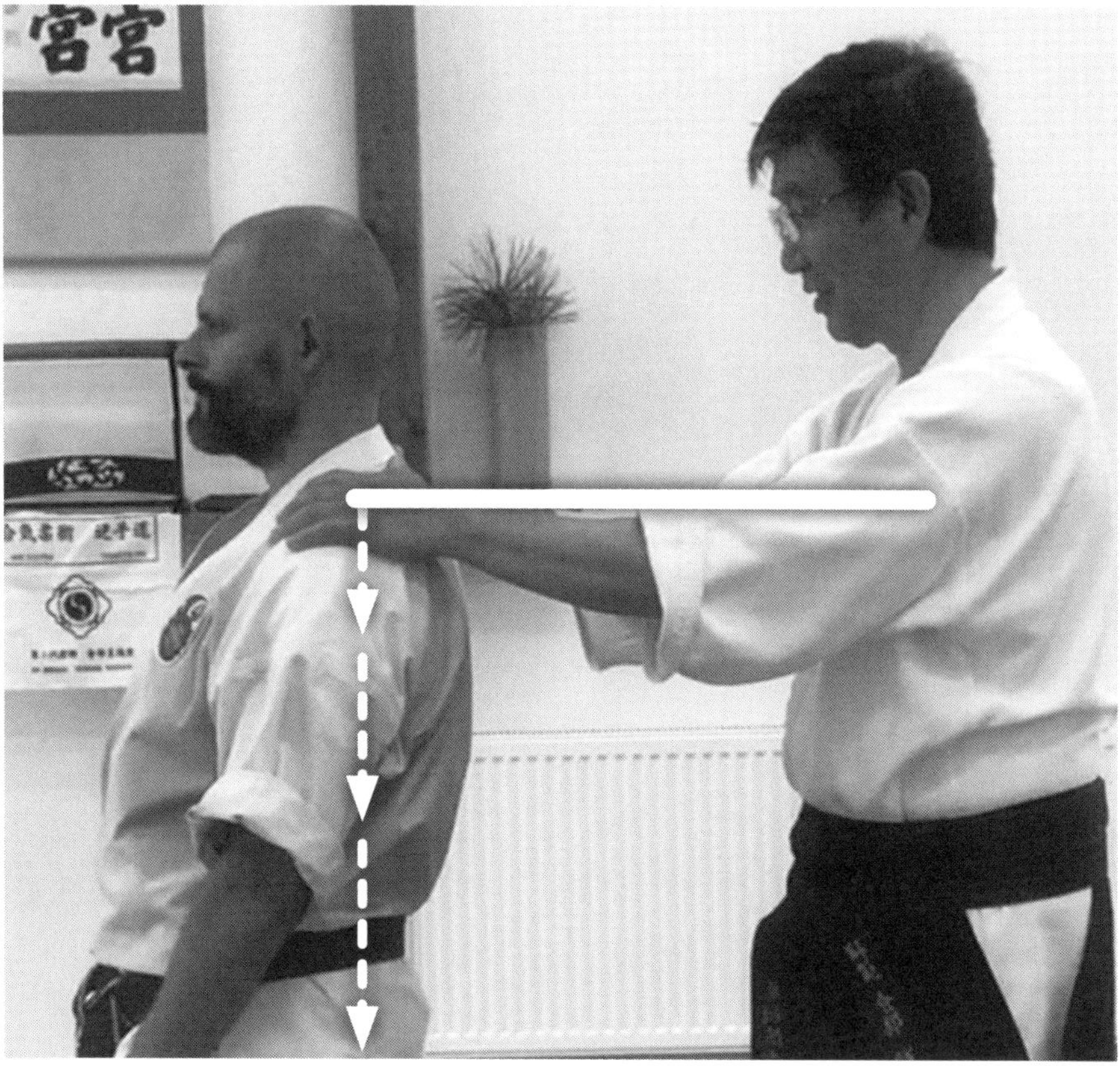

両腕は相手の両肩に脱力した状態で預けきりとし、絶対に力を加えて下げない状態を保つ。ひたすら意識だけで両手、両腕を下げるように努めること。

くれば相手の肩に両手を載せて1、2秒で相手を沈められるようになります。もちろん熟達者ともなれば、触れた瞬間に相手を沈めることも可能となるはずです。

では実際に、この原理を合気肩崩しの技に使ってみましょう（140頁写真）。

筋電流を用いた合気術

この筋電流を強くする訓練は日常生活でも簡単にできます。

例えばソファーに腰かけている際に、両膝の上にフカフカのクッションを置き、その上に両手を載せて力を抜きます。それから両手がクッションに沈み込まないように注意しながら、つまり両手を実際に下げないように保ちながら、その両手を下げるように脳から指令を送ります。それを何度も繰り返すことによって、発生する筋電流を強めることができます。

寝る際に床に就いた状態でも練習ができます。体の横に静かに置いた両手に、実際には筋肉を動かさないようにして布団を押し下げるように脳から指令を送るのです。

この訓練を行っていると、手や腕の代わりに体全体を布団に沈め込むような指令が出せるようになります。つまり、自分の体を意識で重くするのです。もちろん実際に重くなるわけではないので

筋電流を用いた合気術（座技）

受手（右）が捕手（左）の両手首を軽く掴む（①）。捕手は軽く掴まれた状態を保持しながら、受手をその左側面へと誘導して倒そうとするが、その意志を強く持つだけで腕の筋肉を動かさない（②）。腕を動かさないことで捕手の腕に溜められた筋電流は次第に強くなっていき、やがてそれが受手の腕に伝わって筋肉を弛緩させ、結果としてバランスを失い、受手は自ら自身の左側面へ倒れていく（③④）。

筋電流を用いた合気術は物理的な力を用いないため、相手と接触さえできていれば、どのように繋がっていても技をかけることが可能となる。

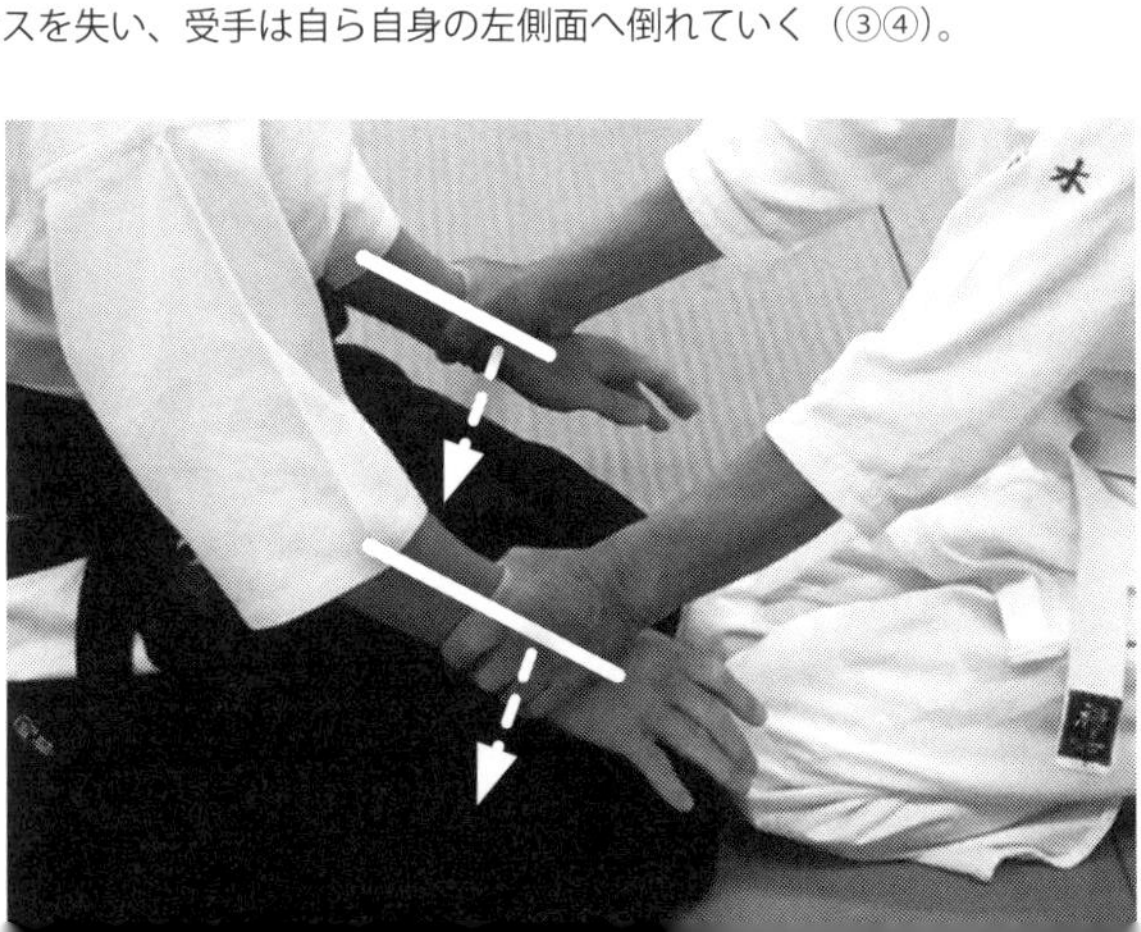

体は布団に沈み込みませんが、体全体が重力で下へ引き寄せられる感覚を味わえるはずです。

数人に持ち上げられた合気の達人が持ち上げた人たちの力を抜くようにして一度に崩す合気の術は、この練習を重ねればできるはずです。私自身はまだ試す機会がないのですが、ぜひやってみてください。

第九講で紹介した技（というほどのものではありませんが）をここで再度解説します（１４３頁写真）。

なお、ここでは相手に自分の両手首を掴ませていますが、第九講のように相手の両手首をこちらが掴んでも同じことができます。


筋電流を使った技をもう一つご紹介します。これは元々別の原理を使う合気技として紹介したものですが、筋電流を使えば比較にならないくらい小さな力で実現できます（次頁写真）。

この場合は、左手を前に動かすという意識を持った時点で、相手はすぐに反応して前に崩れだします。左手に加えられた力は信じられないくらいにわずかなものです。

筋電流を用いた合気術（立技）

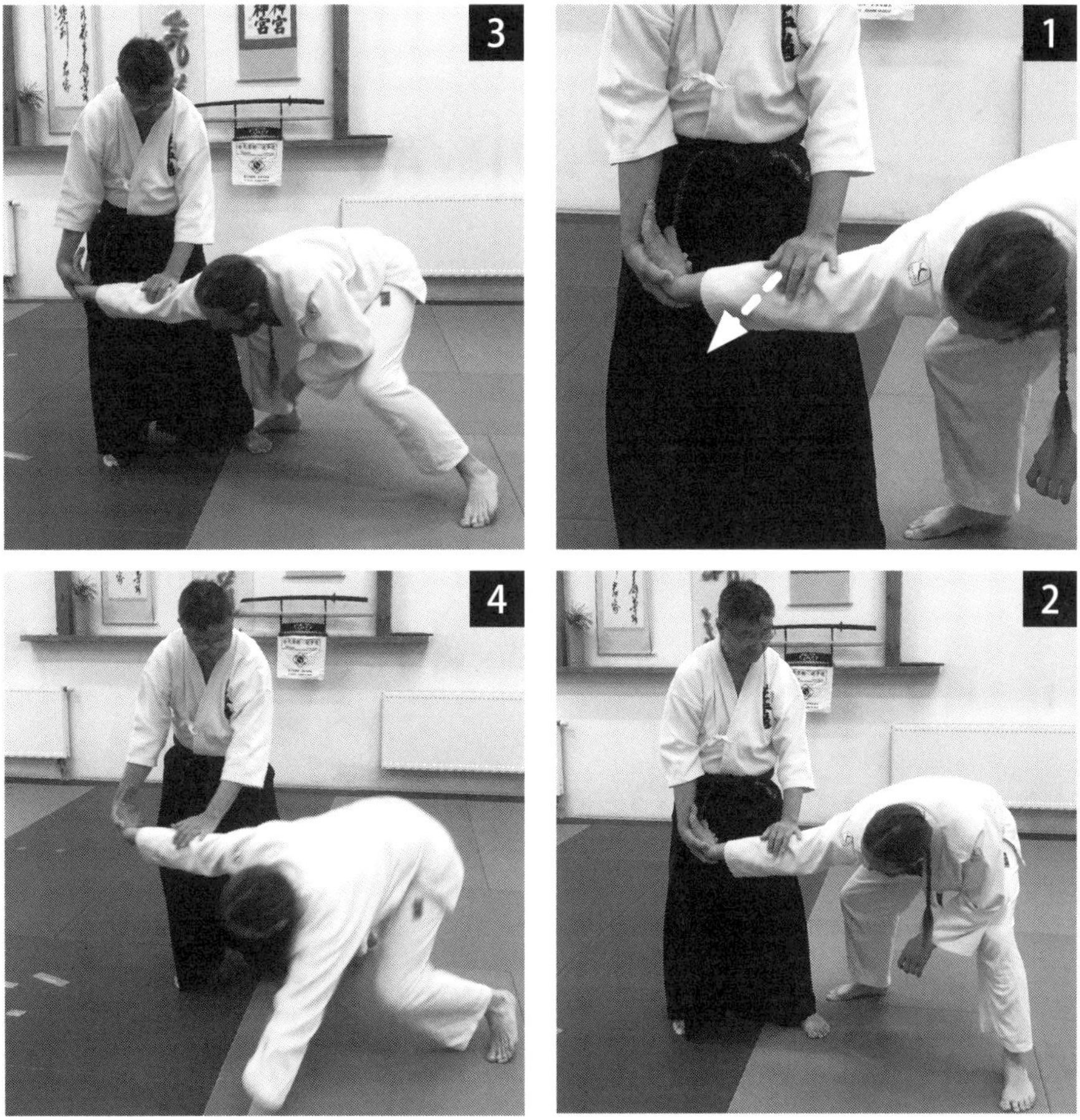

相手の右腕の肘の裏に置いたこちらの左手に、その場所を介して相手を前方へ動かそうとする“意志”を持つ（①）。決して左手に力を入れて前に動かそうとはしないこと。そうすると、こちらの左手に導かれるかのように相手の腕と身体が前のほうへ崩れていき、相手は完全に倒されてしまう（②〜④）。

誰もが合気をできるように

今回解説した「筋電流による合気」ですが、これは本当に初歩的なレベルにすぎません。残念ながら、今の私ではこの程度が精一杯です。しかし鍛錬してこの筋電流が強く出せるようになり、相手の筋肉を制御できるレベルに達すれば、ＹｏｕＴｕｂｅなどで見られる、相手の腕や体の一部に触れただけで体全体を崩すような、知らない人が見たらマジックとしか思えない達人技が可能になるはずです。

この「筋電流による合気」は「合気モード」と同じでできる先生の数が少なく、指導してもらえる機会や場所が極端に限られています。

そのような中でもこの合気術を何とか習得したいと強く願っている方々のために、今回の私のごく初歩的で至らない解説が何らかの手掛かりとなり、この技の探求を進める上でのお役に立てていただければ何より嬉しく存じます。そうなれば浅学菲才を省みず、恥を承知で書かせていただいた甲斐があるというものです。

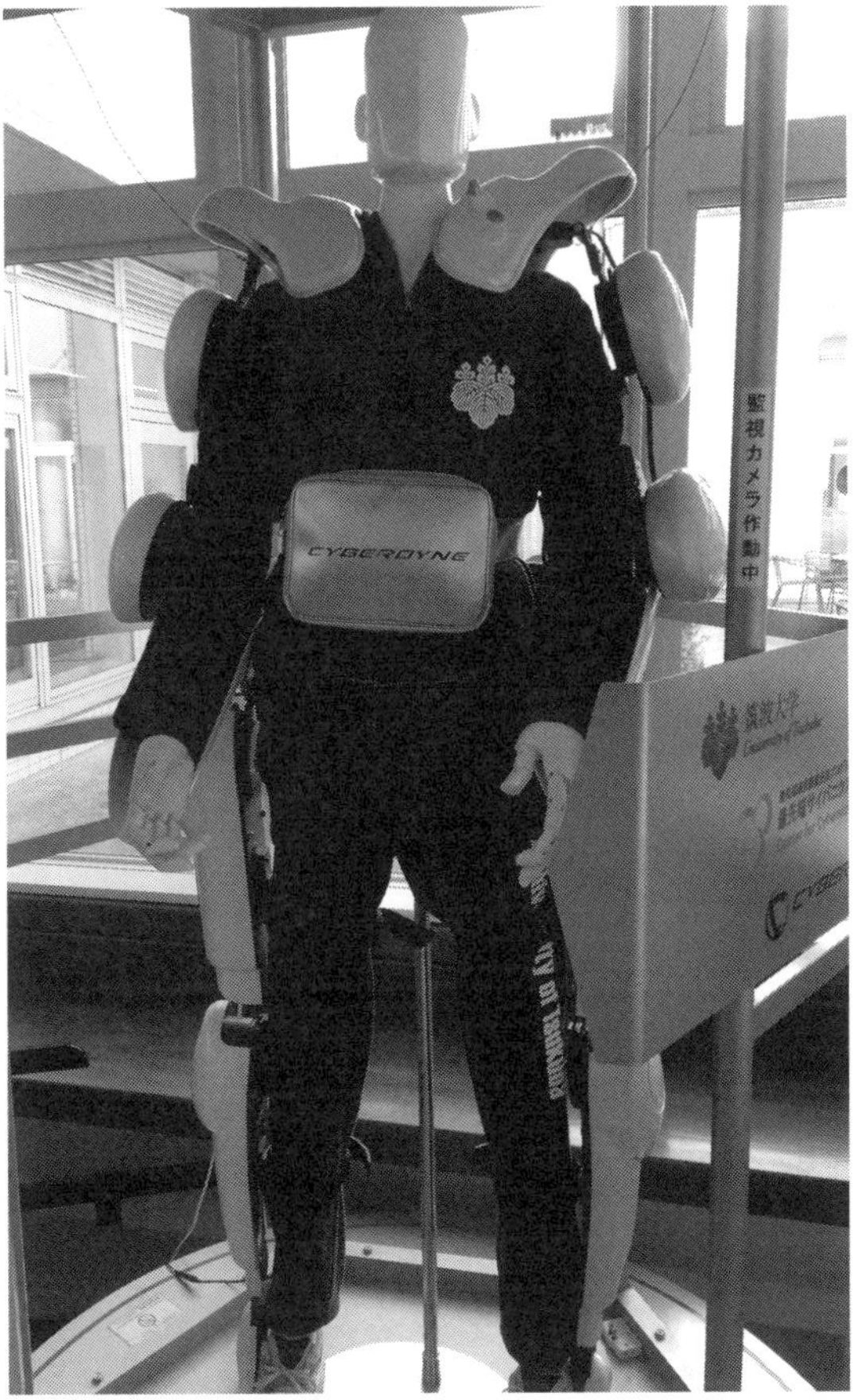

筑波大学付属病院に展示されているロボットスーツ。最先端のハイテク技術と合気術が「筋電流」というキーワードで繋がるのは非常に興味深い。

AIKI NEXT STAGE

体験者の声

ベン・ハーヨ

和道流空手道五段
米国伝統館柔術五段
逆手道インドネシア支部長（初段）

ベルギーの友人で私に初めて柔術を手ほどきしてくれた、故スチーブン・ファース先生を通じ、彼の師だった倉部宗師を紹介してもらったことから、私と逆手道のご縁が始まりました。ファース先生は2011年に『月刊秘伝』でも紹介されましたが、翌年に自動車事故で亡くなってしまい、その後は、倉部宗師に直接師事した宗師の後継者であるオランダのスチーブ宗師（第三代宗師）がインドネシアを訪れる度に指導を受けています。

私はこれまで柔道、空手、そして他流の柔術を習いました。私の習った伝統館柔術は八光流柔術から派生しており、同じく八光流の流れを汲む逆手道とは多くの類似技があって、それらを従来とは別の切り口から学ぶことで、これまで自分が持っていた技への理解度が飛躍的に深まりました。倉部宗師が独自に研鑽した合気術は、相手を崩すのに物理的な力を用いないという点でとてもユニークであり、それをどのように柔術技法へ応用していくのかを学べ、そしてまた自分でも工夫をするのが楽しくてなりません。

倉部宗師には残念ながらまだお目にかかったことはありませんが、Facebookを使った通信教育で指導を受けています。さらに逆手道を学んだおかげで多くの素晴らしい武術家との出会いがあったことも、私は心から感謝しております。

第十二講

突きに対する合気打拳法

打拳攻撃を捌くのに使える合気の技

逆手道の創始者である田中忠秀堂《ちゅうしゅうどう》初代宗師は古流・現代柔術の他に空手にも造詣が深かったので、逆手道には柔術にしては珍しく突き蹴りの技法があり、その応用技法として打拳法の型というものがあります。

私の合気探求も少しずつですが進んできて、突きに対する合気技も増えてきましたので、今回それらを体系化して「合気打拳法」と名付け、練習するための型も考案しましたのでご紹介致します。

（1）下段突きに対して

波動法、力の平衡法（能動的・受動的）、合気接触法で打拳を捌く方法は、すでに第一講と第二講で解説済みですので、ここでの説明は省きます。

（2）中段突きに対して

能動的な力の平衡法、波動法、合気接触法が中段突きに対してはやりやすいでしょう。ここでは、まだご紹介していない技を以下にご説明します（152～153頁写真）。

（3）上段突きに対して

上段突きに対しては力の平衡法（能動的・受動的の両方）をはじめ、合気接触、そして波動法が使えます。そのうちすでに第一講でご紹介した能動的な力の平衡化の動画のみアップしてありますが、まだご紹介していない技を以下にご説明します（154～156頁写真）。

中段突きに対する波動法①

突いてきた相手の前腕に、外側からこちらの手と腕を回し込み（①②）、上から下に波の力を加えて相手を崩して投げる（③④）。

中段突きに対する波動法②

空手の中段外受けと同じように、突いてきた相手の手首をこちらの前腕で引っ掛けるようにして（①）、波の力で引き込んで崩し（②）、下へ落とすようにして相手を投げる（③④）。こちらの左腕で相手の右腕を波の力でスムーズに引き込んで落とすことができれば、相手を崩せる。

上段突きに対する合気接触

入り身投げとよく似ており、右上段突きで攻めてくる相手に対して、左足を一歩踏み出して左腕を相手の肩口に滑らすように深く差し入れて合気接触を作り（①）、そのままこちらの重心をわずかに下げれば、相手は腰から崩れ落ちる（②～④）。こちらの左腕を相手の体に決して強く当てないことが大切。

上段突きに対する波動法

空手の挙げ受けを変化させたもの。挙げ受けで、こちらの左手を相手の右手の突きに引っ掛けながら（①）、外回りの回転運動でスムーズに相手の力を受け流しつつ引き込んで相手を崩す（②〜④）。相手の右腕にこちらの右腕を強くぶつけては駄目で、柔らかくスムーズに波の力で引き込むことがポイントだ。

上段突きに対する力の平衡法

上段突きで攻撃してきた相手の上腕部から肩口に掛けた部分を、こちらの腕を伸ばした手刀で内側から止め（①②）、その瞬間に力の平衡を作り、さらに押し込んで相手を崩す（③④）。

上級者向けの力の平衡による対打撃合気技

相手からの打撃を腕や手で払って受ける際に瞬間的に力の平衡を作り、瞬時に相手を崩すという極めて実践的な合気の技があります。ただし、これができるようになるためには、まず能動的と受動的の二つの力の平衡法、さらにＲｏｏｔｉｎｇと称していますが、接触点から相手の重心へ至る道筋を見極める方法の三つを十分に練習して、全てできるようにしておかなければなりません。

接触点から相手の重心へ至る道筋

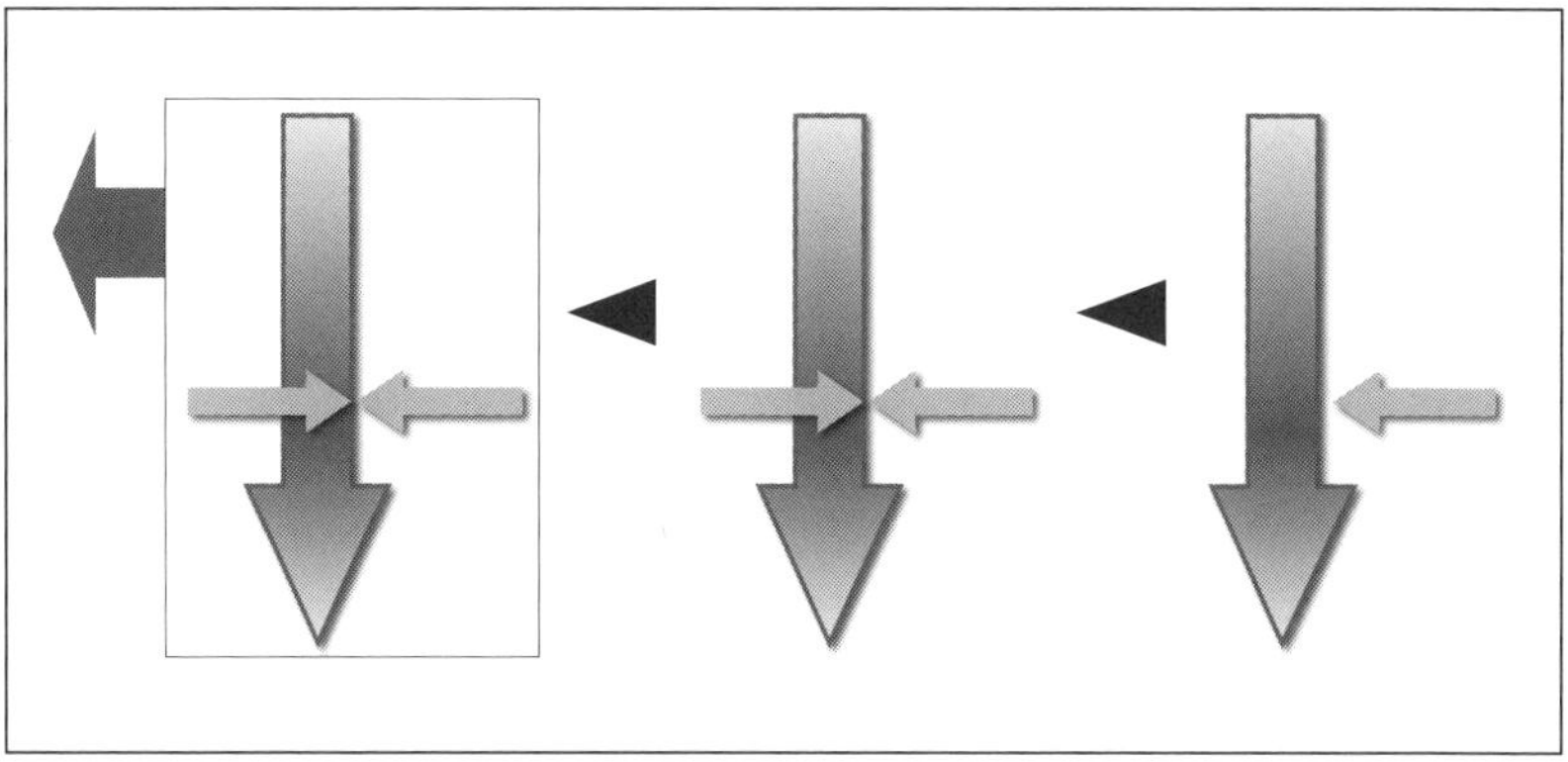

太い矢印が相手の攻撃してきた腕の力、右から左に向かう細い矢印がこちらの払う腕の力（右図）。相手の腕に接触した瞬間、こちらの腕を押す力に対する反力を生じさせて力の平衡を取ると、接触点を介して相手と自分の重心が繋がる（中央図）。その状態でこちらの重心をわずかにずらせば、それと繋がっている相手の重心は崩れる（左図）。

対下段突き合気技

相手の突いてきた腕の手首あたりをこちらの小手で素早く払い（①②)、腕同士が当たった瞬間に力の平衡を作り、そのまま相手を倒す（③④)。二動作で行うが、素早く行うので他の人には一動作としか見えない。こちらの腕は、ほんの 10 センチくらい左右に素早く払うだけで相手を倒すことができる。また慣れてくるにしたがって払う力と動作の幅は小さくなってゆき、最終的には軽く払うだけでマジックのように相手は倒れる。

対中段突き合気技

空手の外受けの動きで相手の突きを避けた瞬間に力の平衡を作る（①）。それと同時に、こちらの重心を瞬時に移動して相手を崩す（②〜④）。この受けは強力な技となり、相手を勢いよく回転させて投げることができる。

合気打拳法を練習するための「合気打拳法の型」

ここまで解説した打拳を捌く合気技を体系的に練習するための型を考案しましたので、以下に簡単にご紹介します。これは機会があれば、また改めて詳しくご説明したく思います。

対上段突き合気技

挙げ受けのように相手の上段突きを払った瞬間に力の平衡を作り（①）、その瞬間に腕を少し押し込んでやれば相手は難なく崩れてゆくので、そのまま裏拳へと繋げる（②）。相手の腕を引っ張って崩しているのではない。

(1) 基本の動き

捕りに対して三方に三人の受けを配置し、①・②・③の順番で捕りに対して攻撃をします。それに対して、捕りは合気術で受けの攻撃をいなしながら受けを合気技で崩して投げます。

最初のラウンドは受け捕り共にスローモーションで行い、その際に捕りはどのような合気技を使うかを考えながら対抗する技を決めます。

次の第二ラウンドは速さを半全速くらいとして、すでに決めた合気技で捕りは受けの攻撃に対抗します。

なお攻撃する際には、例えば左順突きであれば受けは左半身に構えて右足で踏み込み、続いて左足で踏み込んで2ステップ目

合気打拳法の型

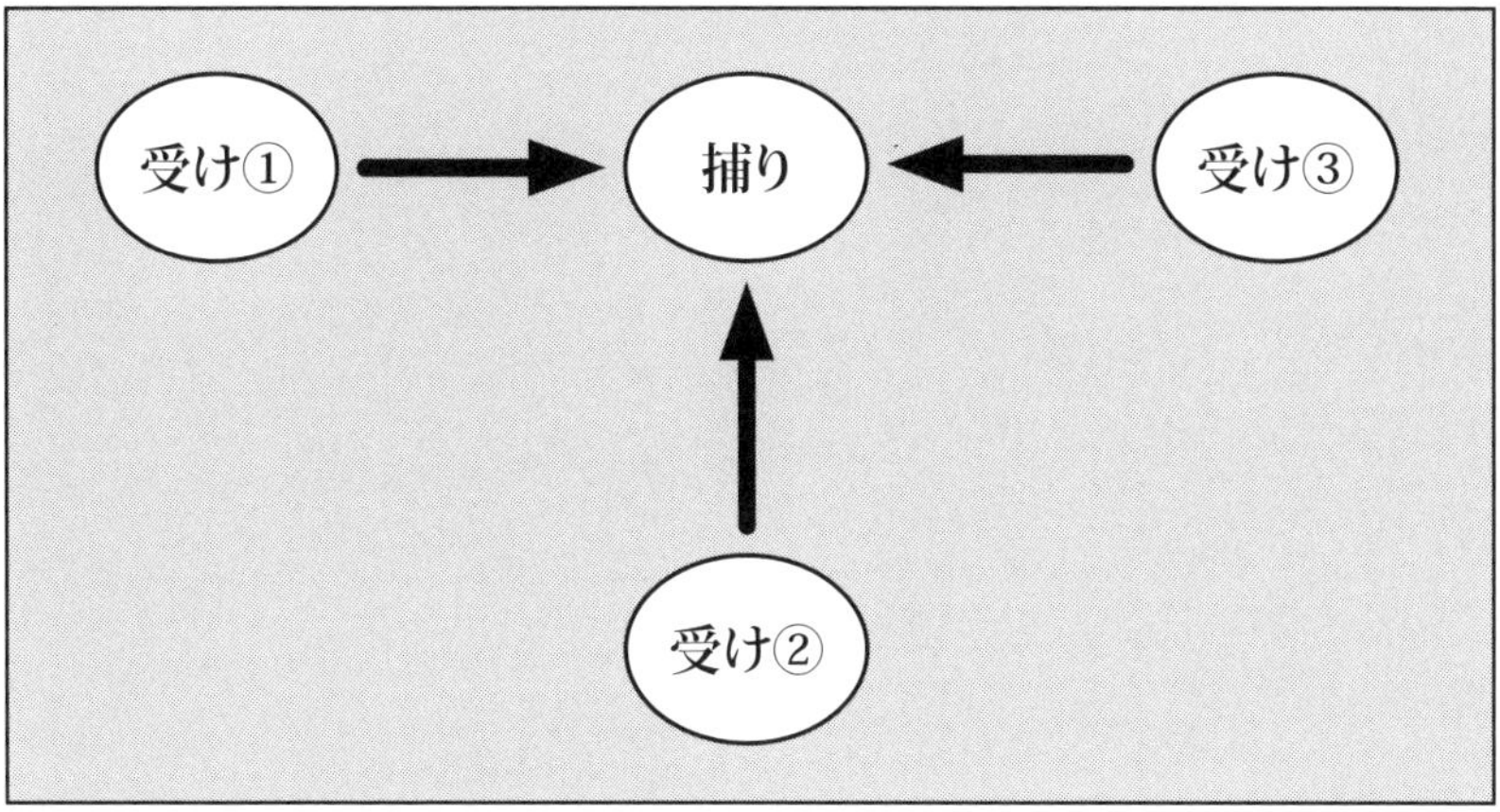

打拳を捌く合気技を体系的に練習するための型。基本は捕りに対して三方に三人の受けを配置し、①・②・③の順番で捕りに対して攻撃をする。

で突きを出すようにします。

(2) 攻撃の方法

◎基本パターン

最初は受け①は左の下段順突き、受け②は左の中段順突き、受け③は左の上段順突きで攻撃します。

スローモーションとハーフスピードでの1セットの攻防が終わると、今度は左を右に変えて、下段・中段・上段の順突きで同じことを繰り返します。

左と右での順突きによる攻撃が終了すると、捕りは受け③、受け③は受け②、受け②は受け①、受け①は捕りへと上方から見て時計回りに役割を交代します。人数が四人より多い場合には、途中にバッファを入れて待ちのポジションを作れば良いでしょう。

◎応用パターン

基本パターンでは攻撃の左右、上中下があらかじめ決まっていましたが、今度は左右、次は上中下の高さを受けのほうで自由に選べるようにする応用パターンがあります。

以上の練習を十分に行い、どのような場合でもスムーズな攻防ができるようになった段階で、スローモーションの次はいきなりフルスピードで攻撃するパターンを始めます。
最初からフルスピードで練習すると合気技ではなく力技になりがちですので、初めはスピードを抑えて、しっかりと確実に合気技で捌けるように練習することが大切です。

お知らせ

毎週火曜日に千葉県柏市中央体育館で、また週末にも柏駅から徒歩3分のところにある柏市の公共施設「パレット柏」で参加者が集まり次第、適宜練習を行っています。ご興味のある方は、試し参加は無料ですのでぜひご参加ください（ただし公共施設の借賃の頭割り分、200円～300円ほど徴収させていただきます）。

私の合気の指導は収入のためではありません。可能な限り多くの方に合気ができるようになってもらえるよう指導することに喜びを感じていますので、ただ一回だけの試し参加でも、必ず何かしらの技が確実にできるようにご指導致します。ちなみに逆手道会員の場合、月会費は1,000円で、月何回でも練習に参加できて通信指導も受けられます。皆さまの練習へのご参加をお待ちしています。

おわりに

私事で恐縮ですが、私は齢70歳に達して他の人に誇れる自分の長所にようやく気が付きました。それまでは誰もが持っているごく普通のことと思って特に長所とは意識していませんでしたが、実はそうではなく自分が誇れるものだとようやくに気が付いたのです。

その一つは、他人の長所あるいはその人が優れた人であることに自然と気が付くことです。それは自分の短所あるいはレベルを的確に自覚できているからこそだと思います。ですから自分にない長所を相手が持っている、自分と比べて相手が優れた人であることを、素直かつ率直に認めることができます。そしてたくさんのそうした素晴らしい人たちとの交流を持つことができました。

二つ目ですが、私は他人からの自分に対する指摘やアドバイスに素直に耳を傾けることができます。もちろん、その全てが正しい内容とは言えないでしょうが、まず指摘してくれたことに感謝致します。実際に、これまで間違った指摘を受けたことは一度もありません。

自分には欠点がたくさんある、自分のレベルは目指す高さまではまだまだ到達できていない、そういう自覚があればこそ、他人からのアドバイスや指摘が貴重なものとなるのです。

他の人も皆同じかとずっと思っていたので、相手のためと思って余計なことを言って想定外の反発を受けたことが多々ありました。どんなに言葉を選んで相手の自尊心を決して傷つけないように慎重にアドバイスしても、攻撃されたかと勘違いして感情的な反応をする人が多いのです。そういう経験を積んで、ようやく自分が持っている長所に気が付いた次第です。

武術界では、「老師」という言葉をよく耳にします。これは長年のたゆまぬ修行でその道を上り詰めた達人のことを指すのでしょうが、この言葉ほど私に似合わない言葉はありません。70歳になっても、自分が目指す頂上はずっとずっと先です。おそらく死ぬまで「まだまだ、これでは駄目だ」と自分を叱咤し続けて、生涯一書生で終わるのが私の生き方だと思います。

最後に、この本を購読していただいた方々に心からの感謝を表して、結びの言葉と致します。大変ありがとうございました。

合気柔術逆手道宗師　倉部誠（至誠堂）

著者◎倉部 誠 Kurabe Makoto

号：至誠堂。大手自動車メーカーや電機メーカーで技術者を務めながら、千葉県柏市にて護身武芸逆手道の修業を積む。その後、オランダに渡って仕事をする傍ら、現地で27年間逆手道の指導にあたる。またその間、独自に研鑽した合気術を加えて新たに「合気柔術逆手道」と名付け、現在は日本と欧州の地で直接指導と通信教育で成果を上げている。著書に『物語オランダ人』（文春新書）、『振動モード解析入門』（日刊工業新聞社）、『できる！合気術』『はじめてのバカロレア数学』（いずれもBABジャパン）、DVDに『合気の教科書』（BABジャパン）、その他がある。

●撮影協力●

深井信悟、岡部武央、濱崎旦志、高野健、橋本政和、田中真、宇田川兼良、鈴木泰人、嶋田淳、亀井勉、山本あいか、Przemisław Antczak, Michał Swiderek, Jarosław Paradowski, Paweł Porębski, Wojciech Banasiak, Maciej Kapusta, Aleksandra Mazur, Zbigniew Wójcik

本文デザイン●澤川美代子
装丁デザイン●やなかひでゆき

◎本書は、武道・武術専門誌『月刊秘伝』2018年7月号～2020年5月号に連載された「合気速習 NEXT STAGE」をもとに単行本化したものです。

力を超えた！ 合気術を学ぶ

世界一わかりやすい武術の原理

2020年12月5日　初版第1刷発行

著　者　　倉部誠
発行者　　東口敏郎
発行所　　株式会社 BAB ジャパン
〒151-0073 東京都渋谷区笹塚 1-30-11　4・5F
TEL　03-3469-0135　　FAX　03-3469-0162
URL　http://www.bab.co.jp/
E-mail　shop@bab.co.jp
郵便振替 00140-7-116767
印刷・製本　　中央精版印刷株式会社

ISBN978-4-8142-0350-5 C2075

Magazine

武道・武術の秘伝に迫る本物を求める入門者、稽古者、研究者のための専門誌

月刊 秘伝 monthly

古の時代より伝わる「身体の叡智」を今に伝える、最古で最新の武道・武術専門誌。柔術、剣術、居合、武器術をはじめ、合気武道、剣道、柔道、空手などの現代武道、さらには世界の古武術から護身術、療術にいたるまで、多彩な身体技法と身体情報を網羅。毎月14日発売（月刊誌）

A4 変形判　146 頁　定価 1,000 円（税込）
定期購読料 12,000 円

月刊『秘伝』オフィシャルサイト

古今東西の武道・武術・身体術理を追求する方のための総合情報サイト

WEB秘伝

http://webhiden.jp

秘伝　検索

武道・武術を始めたい方、上達したい方、そのための情報を知りたい方、健康になりたい、そして強くなりたい方など、身体文化を愛されるすべての方々の様々な要求に応えるコンテンツを随時更新していきます!!

秘伝トピックス

WEB秘伝オリジナル記事、写真や動画も交えて武道武術をさらに探求するコーナー。

フォトギャラリー

月刊『秘伝』取材時に撮影した達人の瞬間を写真・動画で公開!

達人・名人・秘伝の師範たち

月刊『秘伝』を彩る達人・名人・秘伝の師範たちのプロフィールを紹介するコーナー。

秘伝アーカイブ

月刊『秘伝』バックナンバーの貴重な記事がWEBで復活。編集部おすすめ記事満載。

情報募集中！カンタン登録！

道場ガイド

全国700以上の道場から、地域別、カテゴリー別、団体別に検索!!

情報募集中！カンタン登録！

行事ガイド

全国津々浦々で開催されている演武会や大会、イベント、セミナー情報を紹介。